袅袅炊烟在浅山：京郊村落记忆

怀柔卷

北京联合大学应用文理学院 组织编写
张景秋 主编
张景秋 刘清越 著

北京出版集团
北京出版社

图书在版编目（CIP）数据

袅袅炊烟在浅山：京郊村落记忆. 怀柔卷 / 北京联合大学应用文理学院组织编写；张景秋主编；张景秋，刘清越著. —北京：北京出版社，2022.9
ISBN 978-7-200-17416-8

Ⅰ. ①袅… Ⅱ. ①北… ②张… ③刘… Ⅲ. ①村落—调查研究—怀柔区 Ⅳ. ①K921.5

中国版本图书馆CIP数据核字（2022）第166527号

责任编辑：赵　宁
助理编辑：班克武
责任印制：彭军芳

袅袅炊烟在浅山：京郊村落记忆　怀柔卷
NIAONIAO CHUIYAN ZAI QIANSHAN: JINGJIAO CUNLUO JIYI　HUAIROU JUAN
北京联合大学应用文理学院　组织编写
张景秋　主编
张景秋　刘清越　著

出　　版	北京出版集团 北京出版社
地　　址	北京北三环中路6号
邮　　编	100120
网　　址	www.bph.com.cn
总 发 行	北京出版集团
发　　行	京版北美（北京）文化艺术传媒有限公司
经　　销	新华书店
印　　刷	鸿博昊天科技有限公司
版 印 次	2022年9月第1版第1次印刷
开　　本	787毫米×1092毫米　1/32
印　　张	9.5
字　　数	233千字
书　　号	ISBN 978-7-200-17416-8
定　　价	88.00元

如有印装质量问题，由本社负责调换
质量监督电话　010-58572393

编 委 会

张景秋　范晓薇　张　翎　朱　佳

序

  为全面贯彻党的十九大关于加快生态文明体制改革、建设美丽中国的总体要求，深入贯彻落实习近平总书记视察北京系列重要讲话精神，牢固树立和践行"绿水青山就是金山银山"的发展理念，按照党中央、国务院批复的《北京城市总体规划（2016年—2035年）》（简称《总体规划》）中提出的将浅山区建设成为首都生态文明示范区的总体要求，2021年，《北京市浅山区保护规划（2017年—2035年）》（简称《浅山区规划》）正式颁布，标志着将浅山区建设成为首都环境治理能力展示窗口、特大城市生态文明示范地区、山区居民共享共生美丽家园和千年古都历史文脉传承源地的总体目标进入了新发展阶段。

  从地貌地形上来看，北京居于华北平原北端，全市60%以上地区为山区，是首都天然的生态屏障。根据海拔高度的不同，分为浅山区和深山区。根据《浅山区规划》规定，北京市浅山区是以高程系100—300米的浅山本体为基础，主要包括第一道山脚线穿越的平原和浅山交界地区，以及300米等高线穿越的浅山和深山交界地区（不含密云水库以北地区），并将中心城区及新城集中建设区范围予以调出，形成北京市浅

 袅袅炊烟在浅山：京郊村落记忆 | 怀柔卷

山区保护规划范围，共涉及海淀、丰台、石景山、顺义、昌平、房山、门头沟、平谷、怀柔、密云等10个区66个乡镇（街道），总面积约4833平方千米，占市域面积的29.5%。

北京浅山区是首都重要的生态屏障。作为平原与深山的交界地区，山前冲积洪积扇的过渡地带，浅山区区域内水系相对发达，生物种类丰富，是城市发展的生态屏障前缘，是人类与自然共生共存的集中地。所以《浅山区规划》中提出，要围绕浅山区生态保育和生态建设的核心功能，加强生态保育和生态修复，建构山水林田湖草生命共同体，持续提升生态环境规模和质量，促进人与自然和谐共生，践行"绿水青山就是金山银山"的发展理念，实现青山绕城、绿水环山、森林繁茂、良田美景的生态保育与修复总体目标，以确保首都的绿水青山常在，自然生态系统安全稳定。

北京浅山区也是首都功能的重要保障区和延伸区。这里水土地热适宜，人类活动频繁，是乡村生产生活印记鲜明的区域。所以《浅山区规划》中提出，要坚持绿色发展，在发展中保护、在保护中发展，推动生态惠民、生态利民、生态为民，改善城乡人居环境，引导文化旅游、休闲度假、都市型农业、会议会展服务、高科技项目为主的生态友好型产业体系落户浅山区，推动形成绿色高质量发展方式，更好地激发生态涵养区的内生活力。

北京浅山区还是长城文化带和西山永定河文化带的重要空间承载区

序

和展现区。这里历史悠久，文物古迹众多，是北京多元文化融合发展的见证地。长城文化带和西山永定河文化带在此交汇延展，从早期人类活动遗址、聚落遗址到历史时期形成的宫殿、园囿、庙宇、村落、古道、关隘，在西山、永定河、长城的串联下，塑造成带状的镶嵌在京华大地上的璀璨明珠。所以《浅山区规划》中提出，要保护好、传承好、利用好浅山区的生态文化本底、历史文化资源和文化脉络，形成文化探访路线，讲好浅山故事和北京故事，全方位展示首都文化魅力。

全面落实乡村振兴战略，推进浅山区美丽乡村建设，既是浅山区规划的目标，更是民生所指。村庄是浅山区最广大、最显著的地理单元和行政单元，散布在浅山区的村庄形成了有别于城市的乡村空间，而北京浅山区的乡村在传统与现代的交汇融合中锻造出自己独特的性格。车程1小时，从喧闹到寂静，浅山区承担着接壤首都从高速快捷的中心城市，向质朴悠闲的山区的转折。所以《浅山区规划》中提出，要以生态涵养为根本，延续人与自然有机融合的乡村空间关系，将浅山区建设成为山水美、田园美、村庄美、生活美、人文美的北京美丽乡村示范区。

作为与城市并存的一种地理空间，乡村的生产、生活和生态特质具有一定的共性特征。首先，农业生产是乡村的根本，是形成乡村特性的决定性要素。无论是乡村聚落，还是乡约民俗的形成发展，都是在有利于农业生产的基础上产生、塑造和传承的。其次，慢生活形态是乡村的美学基础。乡村生活与城市生活的区别就在于快与慢。也许乡村的生

袅袅炊烟在浅山：京郊村落记忆 ｜怀柔卷

活计时不完全是以小时为单位，是依农时节气而定，在播种收割中感受着天地日月精华带来的喜悦与满足，那种慢慢生长的岁月静好和生命韧性，是城市生活所不能给予的。

记忆中与晨辉和晚霞呼应的袅袅炊烟，带来的是对以往岁月的怀念，是对未来美好的期待，更是对靠自己努力就会有所收获的自信。从20世纪的自然资源开发型为主导乡村发展模式，逐渐转变为当下符合首都功能需求的生态资源保护与文旅融合发展的新型乡村发展模式，起承转合中留下的和消失的都将定格在人们的记忆中。

"袅袅炊烟在浅山：京郊村落记忆"系列丛书的策划初衷就是希望将这些记忆和变化记录下来。根据《浅山区规划》，丛书选取了位于东北部水源涵养和生态休闲区的密云和平谷，中部首都功能延伸区的怀柔和昌平，西南部历史文化和生态休闲区的门头沟和海淀，以及参照执行的延庆浅山区，通过走访形式，写人写景写事，讲述北京的浅山故事，在故事中展现生动的绿水青山、多元的乡村景观、多彩的文化活动、幸福的乡居生活。

本丛书的作者以北京联合大学应用文理学院的教师为主，以及中央新闻纪录电影制片厂的胡师睿、中国艺术研究院的朱佳博士、北京建筑大学的刘清越硕士。作者的分工分别是：朱佳、吕红梅负责海淀卷，莫常红、胡师睿负责昌平、延庆卷，张景秋、刘清越负责怀柔卷，叶盛东负责密云卷，付晓负责平谷卷，李雪妍负责门头沟卷。

序

丛书从选题到走访再到成书,得到了北京出版集团领导、编辑们的大力支持、指导和帮助,在此表示衷心的感谢!在走访过程中,得到了相关区、部门和百姓的理解、支持与帮助,在此表示衷心感谢!

绿水丰涟漪,青山多绣绮。未来的北京浅山区一定会成为展现大国首都生态文明建设和人与自然和谐发展良好关系的重要窗口。

张景秋

2021 年 3 月

前　言

怀柔区位于北京市东北部，区域总面积2122.8平方千米，是北京市面积第二大的行政区，2021年末区内常住人口44.1万人。根据《北京市浅山区保护规划（2017年—2035年）》，怀柔区的浅山带主要集中在长城沿线以南地区、怀沙河—怀九河生态廊道沿线，以及雁栖湖国际会都。从行政区域的位置关系看，怀柔东临密云，南接顺义、昌平，西连延庆，北与河北省赤城县、丰宁县、滦平县接壤，是京津冀协同发展的重要区域。

怀柔区气候温和，风景宜人，属暖温带型半湿润气候，四季分明，雨热同期，夏天湿润，冬天寒冷少雪，在炎热的夏季，夜晚凉风习习，算得上一个避暑的好去处。怀柔区日照时间长，全年日照时数大约2800小时，年平均气温9～13摄氏度，年平均降水量在600～700毫米，称得上气候湿润。

怀柔区风景秀丽，群山连绵，山区面积占全区总面积的89%，有丘陵、山脉及沟谷等地貌，入目所及，群峰起伏，层峦叠嶂。据不完全统计，怀柔区内有名字的山峰就有500多座，海拔在1000米以上的有24

座,其中最著名也最为人所知的是黑坨山,海拔1533.9米。明代弘治年间大学士谢迁曾写道:"怀柔为邑,崇岗叠嶂,绵亘千里。"可见从古至今,独特的山峦景观已然是怀柔的一张名片。

有山有水才为胜景,怀柔正是这样的山水胜地。怀柔区内水资源充足,泉水河流众多。据不完全统计,全区有潮白河、北运河两个水系,包括白河、汤河、天河、琉璃河、怀沙河、怀九河、雁栖河和白浪河等4级以上河流17条,怀柔水库在内的大小水库22座,山泉774处,其中珍珠泉、莲花泉和龙潭泉等涌量稳定的山泉261处;宜林山场282万亩。据北京市园林绿化局公布的2020年全市园林绿化资源情况来看,怀柔区森林面积164242.2公顷,森林覆盖率77.38%,林木绿化率85.02%,均位列北京市第一,人均公园绿地面积29.51平方米,公园绿地500米服务半径覆盖率86.91%。PM2.5年均浓度29微克/立方米,在全市范围内率先进入"20+",居全市第一。地表水环境质量排名全市前列。2021年怀柔区被生态环境部命名为国家生态文明建设示范区。山清水秀,江山如画,说的就是怀柔吧。

怀柔不仅自然风光优美,人文历史方面也是底蕴深厚。历史上,怀柔即是古人类活动的区域之一。"怀柔"一词,最早见于《诗经·周颂·时迈》中的"怀柔百神",意为招来安抚。春秋战国时期,怀柔地处燕国境内,是燕国对外防御的战略要地。据考证,公元前475—前222年,战国时期燕国在今怀柔北房镇梨园庄城子地始置渔阳郡。秦灭六国

前　言

后，实行郡县制，渔阳郡就是对外抵抗外敌的战略要地，筑长城、修驰道，都要路经渔阳。1368年明朝设置怀柔县，与今天的怀柔区管辖范围基本相同。2001年12月30日，国务院正式批准怀柔撤县设区。近年来，怀柔先后获得全国绿化模范城市（区）、国家级生态示范区、国家级卫生区、国家级可持续发展综合实验区等荣誉称号30多个。根据北京城市总体规划，怀柔是首都北部重点生态保育及区域生态治理协作区、服务国家对外交往的生态发展示范区、绿色创新引领的高端科技文化发展区，怀柔科学城是北京落实"四个中心"城市发展战略之科技创新中心的"三城一区"重要组成部分，怀柔正步入高质量发展的新阶段。[1]

都说一方水土养一方人，怀柔的山水滋养和造就了各形各色的乡村和乡民，让我们走进怀柔的浅山区，去找寻那山、那水、那人、那事。

---

[1] 怀柔区自然地理和历史文化资料来源于北京市怀柔区人民政府网站。

目　录

序

前　言

01 怀河两岸青	/ 001
02 雁栖入画卷	/ 011
03 怀柔水库赞	/ 025
04 怀柔山型记	/ 031
05 青山映古韵	/ 037
06 沟域经济兴	/ 049
07 怀柔水长城	/ 055
08 重边慕田峪	/ 063

09 访古刹名寺	/ 077
10 浅山寻非遗	/ 097
11 沙峪村的红色印记	/ 105
12 长城脚下的北沟村	/ 115
13 邂逅六渡河村	/ 145
14 走访红螺镇村	/ 185
15 芦庄与葫芦文化	/ 193
16 亓连口关与莲花池村	/ 207
17 局里村的故事	/ 217
18 吉寺村的传说与民宿	/ 231
19 漫步西水峪村	/ 245
20 圣泉山下的口头村	/ 259

21 五彩九渡河镇　　　　　　　　　　　　／ 269

22 浮光掠影游乡村　　　　　　　　　　／ 273

〇一 怀河两岸青

袅袅炊烟在浅山：京郊村落记忆 | 怀柔卷

历史上的怀柔，因其独特的山水地势成为守卫都城的战略要地，进而也孕育了各具特色的乡村聚落。现如今的怀柔作为北京北部的生态涵养区，绿水青山已经成为怀柔浅山区的底色。

怀柔河流，分属海河流域的潮白河和北运河两个水系，4级以上河流有17条，以东起云蒙山、西至凤驼梁一线的山脉为分水岭，岭南水系有潮白河及北运河两个水系，岭北水系由白河及其支流组成。根据《北京志·地质矿产水利气象卷·水利志》[1]记载，潮白河在辽代是辽南京陪都的重要水运要道，其中由密云流至怀柔东北纳雁栖河后与怀河汇合的白河，即现今在怀柔境内称为沙河的白河故道，至牛栏山与潮河合流，再流向通州经河北汇入渤海。明嘉靖三十四年（1555年）二月，蓟辽总督杨溥奏请开白河以济漕运，隆庆六年（1572年）七月运道通，潮白河漕运成为运通河南、山东粟米至密云的重要通道。清代，密云一带失去战略意义导致漕运随之衰落。但上百年来，怀柔境内的几条重要支流不断滋养着这片土地上辛勤耕作的百姓。

说到流经怀柔浅山区的河流，首先要说的就是怀河。

怀河，海河水系潮白河的支流，是由怀柔西部的怀九河、怀沙河在怀柔镇石厂村的东北汇合而成。1958年修建怀柔水库，两支流汇合于水库，出库后为怀河。修建怀柔水库后，怀河下游仍负担怀柔水库的泄洪任务。

怀河贯穿怀柔全境，支流有红螺镇牡牛河、雁栖河等，在梭草村南入潮白河。怀河若以最长支流怀九河为上源全长计为80.9千米，怀柔境内64千米；流域面积1042.6平方千米，怀柔境内578.3平方千米；河床纵坡

---

[1] 北京市地方志编纂委员会：《北京志·地质矿产水利气象卷·水利志》，北京：北京出版社，2000年。

2.1‰~2.4‰。

怀河由于上游山场植被好,林木多,清水出川,汇入白河后两河一清一浊,泾渭分明,同流1千米多之后方混为一色,修建怀柔水库前曾是梭草村东南一带的一大胜景。由此不禁想到,河流上下游之间的协同合作至关重要,河流上游的植被覆盖度高,水土保持好,对整个流域环境保护起到了事半功倍的作用。同时,河流下游也要注意蓄水保水,注意两岸环境的绿化、美化,河流的每一段都需要保护。改革开放以来,怀河流域的村庄积极发展沟域经济和文化旅游,围绕河流的生态环境整治,实行河长制,推动怀河两岸的滨水空间修建,生态与文化、绿色与蓝色交相辉映,水清岸净,成为怀柔浅山区的一道风景线。

怀河绿意

怀河秋景

  怀河的风景因季节不同而呈现出不同的色彩。夏季的怀河绿意葱葱，行走在怀沙河的木栈道上，感受着阳光与微风的吹拂，听着蝉鸣，那份惬意应该只有在浅山的绿水青山中才能找到吧？而秋日的怀河带给我的是一种深邃和温暖，落日余晖中河岸边的芦苇与泛着金光的河水勾勒出一幅"长风万里送秋雁，对此可以酣高楼"的情怀。

  于是，我沿着河岸的公路缓缓向前，试图分辨出怀沙河、怀九河的不同。当然，对于水文地质不甚了解的我而言，势必是徒劳的。出于强烈求知欲，我查看了《怀柔县志》[1]，找到了对怀沙河和怀九河的介绍。

---

  [1] 参见《怀柔县志》编纂委员会编著：《怀柔县志》，北京：北京出版社，1999年。

怀沙河,怀河北源,发源于沙峪乡的南苇滩、北苇滩,全长28.7千米,流域面积175.2平方千米,流经核心区15千米,流经缓冲区5千米,平均河宽31.6米,河床纵坡12.5‰,坡降大于怀九河。由三岔村过长城至铁矿峪、洞台,与源于响水湖的溪流汇合,形成怀沙河干流,至南冶有源于水塘子的溪流汇入,经沙峪至八道河岭,过六渡河、东四渡河、二渡河到关渡河出山,经北宅到怀柔镇红军庄注入怀柔水库。1949年前,农民曾利用水的落差,建多处水碾子生产木香,称为"香碾"。怀沙河1972年出现过1751立方米/秒的洪峰。

怀沙河(一)

袅袅炊烟在浅山：京郊村落记忆 ｜怀柔卷

怀沙河（二）

01 怀河两岸青

怀九河，怀河南源，源于延庆区大庄科乡，于西水峪村入怀柔境，过石湖峪、撞道口，至黄花城南与源于杏树台、庙上经二道关至黄花城的又一支流汇合，形成怀九河干流，经九渡河、花木、团泉、黄坎、西四渡河、一渡河，至北宅乡的杨家东庄注入怀柔水库。全长68.9千米，怀柔境内52千米；流域面积347.2平方千米，怀柔境内216.8平方千米；流经核心区20千米，流经缓冲区5千米；平均河宽24米；河道纵坡2.1‰~2.5‰。清光绪十六年（1890年）怀九河干流在峪口村曾出现2090立方米/秒洪峰；1972年在前辛庄曾出现1285立方米/秒洪峰。明代《长安客话》一书有"七渡水"的记述，七渡水、黄颁水均指怀九河。

在寻觅的过程中，看到了竖立路旁的牌子，走过去发现是2004年4月10日，由当时的北京市农业局渔政监督管理站在此设立的"北京市怀沙河、怀九河水生野生动物自然保护区（怀沙河段）"。据了解，这个水生野生动物自然保护区是1996年由北京市水产局建立起来的，以水生野生动物为主要保护对象。保护区总面积1.11平方千米，属北温带大陆性季风气候区，冬夏温差较大，1月平均气温-5摄氏度，极端最低气温-18摄氏度；7月平均气温25.3摄氏度，极端最高气温38摄氏度。年均降水量667毫米，6—9月雨量集中，占全年降水量的70%~90%。无霜期216天。怀沙河、怀九河均为怀柔水库上游河流，两河下游入库口植被以水生植物和耐水植物为主。保护区内共有鱼类24种，两栖类4种，鸟类26种，蛇鼠类17种，兽类12种。其中，国家二级重点保护动物有大鲵，北京市稀有水生野生动物有中华九刺鱼和圆尾平鱼等。保护区以水源保护为中心，构筑"生态修复、生态治理、生态保护"3道防线，完成了怀沙河、怀九河生态治河工程，两河流域地表水质量始终达到国家饮用水二级标准。尽管我们没有看到这些受保护的珍贵水生野生动物，但通过新闻了解到，2021年11月，怀柔区园林绿化

怀九河

局牵头组织完成了《北京市怀柔怀沙河怀九河水生野生动物自然保护区总体规划（2021—2030年）》及《北京市怀柔怀沙河怀九河水生野生动物自然保护区科学考察报告》的专家评审工作。相信未来，随着自然保护区建设的进一步完善，怀沙河怀九河水生野生动物自然保护区在生物资源保护管理现代化水平、科学考察等方面将会得到极大提升，成为怀柔浅山区山水林田湖草一体化保护的典范之地，为怀柔区国家生态文明建设示范区增添亮色。

01 怀河两岸青

水生野生动物自然保护区的牌子

芦花水景

02 雁栖入画卷

如果说怀沙河、怀九河是怀河的两条绿带,那雁栖河就是怀河的一颗璀璨明珠。雁栖河是怀河的主要支流,全长42.1千米,流域面积411.7平方千米。上游分两支,东支流源于八道河乡西栅子、对石等处的山沟,下经五道河、交界河、石片、黑龙潭、官地、神堂峪至石梯子与源于莲花池莲花泉的西支流汇合,经柏崖厂注入雁栖湖。雁栖湖下游的雁栖河,在明代称为燕溪河,于怀柔镇王化村南,有沙河从左岸汇入,再南流至大杜两河村东汇入怀河。而雁栖湖的前身则是北台上水库。据《怀柔县志》记载,北台上水库工程于1959年10月13日正式动工,1960年9月底主体工程基本结束,全部工程于1962年1月完成,设计的主要功能是蓄水调洪。从1976年5月至1983年11月,历时7年多先后进行了坝体加固。后又增加了发电功能,设计年发电量100万千瓦·时,于1981年4月动工修建坝后式电站,1983年5月运行发电。1985年水库管理处利用水库的优雅环境及广阔水面开展旅游服务,正式命名为"雁栖湖"。据传说,因为雁栖湖位于燕山脚下长城之边,每年春秋两季常有成群的大雁来湖中栖息,故而得名。"落霞与孤鹜齐飞,秋水共长天一色",晚霞映照下,大雁双双飞过波光粼粼的湖面,这也是雁栖湖的美景写照。

在翻阅《怀柔县志》的时候,有两处给我留下了深刻的印象。一是北台上水库建成后蓄水调洪效果显著。自1960年拦洪蓄水至1989年,进水总量7.3亿立方米,平均年进水2457万立方米,平均年供灌溉用水1505万立方米。1969年8月10日,洪水进库洪峰流量818立方米/秒,下游10个村庄、怀柔火车站、京承铁路、公路均安然无恙。二是参加水库工程施工的人员构成十分有特点。人员从全县农业人口中按比例抽调,最高施工月在册人数为1.12万人,指挥部下设9个施工团和1个机械队,其中第九施工团全部由女性组成,名为"花木兰团"。这个团名也成为怀柔水库建设中的一个标志

雁栖湖

性名称。

　　对于雁栖湖来讲，1985年应该说是一个历史性的转折点，这一年经北京市政府批准，雁栖湖被列为"七五"北京市重点旅游开发项目，1987年正式对外开放接待游客。2002年雁栖湖被评定为国家AAAA级旅游风景区，2014年亚太经合组织（APEC）第二十二次领导人非正式会议在此召开。2017年5月"一带一路"国际合作高峰论坛的召开，让雁栖湖再次成为全球瞩目的焦点。

　　雁栖湖由东、西两个湖区组成，水面宽阔，库容3800万立方米，水面230公顷，最大水深25米。雁栖湖景区地势平坦、水域宽阔，适合开展各类水上陆地娱乐项目，是京郊著名的旅游风景区和水上乐园。现有龙舟、画舫、快艇、电瓶船等水上观光游览船只，另外还有激流勇进、水上飞降、

娱乐跑车、碰碰车、动漫小火车、旋转木马等10多项陆地娱乐项目,能够满足不同群体的娱乐需求。[1]看着对雁栖湖景区的介绍,不禁为之心动向往。俗话说,心动不如行动,那就来一场说走就走的雁栖湖之旅吧。

于是,我带着对雁栖湖美景的向往,在清明节过后的一个春光明媚的周末,驱车前往雁栖湖景区探访。沿途被怀柔公路两侧的春花所吸引。粉色的榆叶梅、白色的玉兰、紫色的丁香,在春风中摇曳着,让人不禁想起"满园春色关不住,一枝红杏出墙来"这一脍炙人口的诗句。

浅山的春色与深山和城区的春色有什么不同呢?在我看来,浅山的春既有乡土的质朴,又带有一丝"小傲娇",需要呵护与培育。看似随意放

探春之路

---

[1] 资料来源于北京市怀柔区人民政府官网。

春花（组图）

置的植株，却有一定的规则与布局，那些乡土植被也好，引种植被也好，就这样懒懒散散、高低错落地聚在一起，感受着春日、春风、春雨，为浅山大地披上一层绚丽的彩衣。

雁栖湖周边除了标志性的建筑物——北京雁栖湖国际会展中心外，还有供游人使用的步行道和自行车道，以及有一定规模的郊野公园。经过仔细观察和调研后，我们了解到这里就是"雁栖湖国际会都"的核心地

 泉泉炊烟在浅山：京郊村落记忆 ｜怀柔卷

丁香

路边的玉兰和榆叶梅

区——北京雁栖湖生态发展示范区。据了解，北京雁栖湖生态发展示范区于2010年4月启动规划建设，2014年9月建成。示范区整体规划范围为31平方千米，包括21平方千米的国际会都和10平方千米的雁栖小镇两大建设板块，规划理念和定位是要以"首都国际交往中心"建设为中心，建成集"中国特色、自然生态、低碳环保、科技创新"于一体，服务国家顶层国际交往、可举办全流程主场外交活动的核心承载区。2014年APEC峰会在此

花草树木（组图）

袅袅炊烟在浅山：京郊村落记忆 | 怀柔卷

成功举行后，又相继举办了国内外各类高端会议和大型商务会展活动，因此备受瞩目。APEC会议后以雁栖湖为核心，在21平方千米范围内，建设了完善的导览导视系统，打造了13千米环湖慢行系统和骑行系统，设置了观光车、摆渡车、摆渡船、汽车充电桩等文旅设施，为到访者和游客提供便捷的交通出行服务和完善的会议、游憩服务，使游客可乘船做环湖游、环岛游，亦可沿环湖路开展乘车游、骑行游或徒步游活动，极大地方便了游客在雁栖湖地区的游览和健身活动的开展。

从地形上看，雁栖湖三面环山，北有海拔1200米的军都山，西有海拔811米的红螺山，东有海拔186米的金灯山，山上有枫树、松柏、火炬树及其他乔灌木。因此，雁栖湖依托三面环山优势，修建起了登山环湖的步行

北京雁栖湖国际会展中心

道和骑行道。其中,北京雁栖湖西山步道就是一个典型的代表。当午后暖暖的阳光洒在身上时,我已经站在了通往雁栖湖西山步道的入口了,要想登山,首先还是要看看导览图,评估一下自己的体能是否可以胜任。在停车站与步道入口的导览图上,介绍了步道的基本情况:雁栖湖西山步道全长8180米,建于2016年9月,2017年11月正式竣工,历时14个月。有道是:望文生义品美意,身体力行见美景。从入口右转拾级而上,近处鹅黄粉白,远处翠绿盈盈,沿途超过快乐的姐妹团、健步的少年团,还有团建的男男女女,望着一张张欢快的笑脸,我也从心底涌上一种喜悦之情。走到"金风送爽"处,向上望去,下定决心还是下次再来吧,是不是很意外?俗话说,好景不能一次就看完,留点儿遗憾,留些念想儿,就和美景做了下次再来的约定。往回走,又来到了入口,想去看看入口左侧的风景,于是沿着左侧的石板路,来到了"丹枫凝露"景观处,尽管是春季,但可以想象到秋季来临枫树飘红的意境,想起了宋代张抡的《踏莎行·秋入云山》:"秋入云山,物情潇洒。百般景物堪图画。丹枫万叶碧云边,黄花千点幽岩下。 已喜佳辰,更怜清夜。一轮明月林梢挂。松醪常与野人期,忘形共说清闲话。"

从西侧往停车场的方向走下去,来到一栋仿木质的建筑前,远远看见有"雁栖湖旅游服务中心"的字样,等走到近前发现,服务中心四周停靠着各式各样的自行车,有一人座的、两人座的,有普通的,还有山地自行车。在中心建筑物外侧的墙面悬挂有"雁栖社区青年汇活动基地"的牌子,室内大堂的尽头书写着大大的"骑行俱乐部"5个字,询问之后得知这些自行车是可以租用的。结合雁栖湖13千米环湖慢行系统和骑行系统,游人可以开展"健康环保行"。2017年10月,由雁栖镇青年志愿者组成了青年汇志愿团队,设置活动基地,为西山步道和雁栖湖自行车骑行活动提

 袅袅炊烟在浅山：京郊村落记忆 ｜怀柔卷

西山步道——金风送爽（组图）

02 雁栖入画卷

西山步道——丹枫凝露

 袅袅炊烟在浅山：京郊村落记忆 | 怀柔卷

雁栖湖——远望日出东方

供志愿服务。我当时听到环湖骑行时的第一反应是雁栖湖这么大，这要骑行一圈回来，能行吗？结果一问才知道，雁栖湖沿线可骑行的道路有10千米，骑行俱乐部根据道路周边环境实际，将环绕雁栖湖的骑行道路分为7段，最短的有0.5千米，分别是从日出东方站到南码头、从雁栖半岛到P5停车场、从观景台到古槐公园、从古槐公园到北码头；最长的有3千米，分别是从南码头到雁栖半岛、从P5停车场到观景台，还有一段是2千米的骑行路

线,即从雁栖湖景区南门站到日出东方站。

  从服务中心出来,往南行走就到了雁栖湖环湖步道的起点,环湖步道全长13千米,在地面上有"起点/终点"的标识,看到地面上那句"行走的力量",仿佛浑身都充满了力量。"健康中国""美丽乡村"绝不是停留在字面上,更不是说说而已的口号,这是人民对美好生活的向往,更是中国的行动。现在的雁栖湖景区,经过30年的开发建设,充分利用自身得天独厚的自然旅游资源,从一座普通的中型水库蜕变成市级风景名胜区、国家AAAA级旅游景区,为树立怀柔良好的旅游形象做出了巨大贡献。

骑行线路图

 袅袅炊烟在浅山：京郊村落记忆 ｜怀柔卷

雁栖湖环湖步道

03 怀柔水库赞

提到怀柔的水利设施,怀柔水库是必定要被提起的。如果从怀柔包括河流、水库、坑塘等在内的7.19万亩水域总面积来看,怀柔水库面积仅为1.2万亩,但它是北京市重要的饮用水源基地之一。

怀柔水库的修建与潮白河水患治理密切相关。"一五"时期,为解决过去河流水患严重的问题,北京地区根据五大水系的实际情况,相继在永定河上修建了官厅水库、北运河上修建了十三陵水库、潮白河上修建了密云水库和怀柔水库、泃河上修建了海子水库(即现在的金海湖),蓄水调洪发电,让山区人民在得到安全保障的同时,也促进了农业发展和生活改善。这其中,怀柔水库因建设速度快、工程质量好而闻名。当时怀柔水库还创造了水库建设的"民办公助"新模式,被称赞为自力更生、艰苦奋

怀柔水库秋景

斗、多快好省建设的水库，国家投资仅438万元。[1]

根据《北京志·地质矿产水利气象卷·水利志》记载，当时之所以选择在潮白河支流怀河上建怀柔水库，是分析了潮白河水系水文条件后才做的决定。因为怀河流域多年的年平均降雨量700毫米，多年平均径流量9110万立方米/秒。上游为山区，山高坡陡，源短流急。当汛期降雨集中时，极易造成水患。历史上怀河两岸经常受到洪水侵扰，遇到旱年又严重缺水。

1957年，当时的河北通县专区根据《海河流域规划》，决定修建白河灌渠，为了有效调节灌渠水量，削减怀河洪峰，保护下游村镇和农田安全，决定同时修建怀柔水库。因此，在河北省委和北京市委的领导下，于1958年3月9日组建了怀柔水库修建指挥部，并正式动工。在修建过程中得到了中央的高度关注，建设者将国家领导人为怀柔水库的题字放大后，用房山汉白玉镶砌在水库主坝的背水坡上。全体建设者发挥艰苦奋斗、永争第一的精神，于1958年7月20日完成了水库主体建设。建成后的怀柔水库成为北京境内4座大型水库之一，除具有一般水库的功能外，作为密云水库的调节库，还具有为京密引水渠调节水量的作用。

为什么说是由修渠改为修水库呢？这就要提到京密引水渠了。引水干渠全长110千米的京密引水渠工程，是北京市大型引水工程，最大引水流量为40立方米/秒。其中怀柔段，自沙河倒虹吸至怀柔水库长12.7千米，自怀柔水库至李家史山村西长6.9千米，境内不包括怀柔水库库区，总长19.6千米，怀柔水库出口至孙史山村，渠线亦为原白河灌渠的渠线，全部工程于1966年4月试水成功，后京密引水工程又经过多次续建与扩建，发挥了向城

---

[1] 参见北京政协文史和学习委员会编：《北京水史》，北京：中国水利水电出版社，2013年。

市供水及郊区农业灌溉的动脉作用。

实际上,按照潮白河流域总体规划,怀柔水库修建时间是放在了第三个五年计划期间,但由于当时隶属河北省行政管辖的密云、怀柔、顺义、通县的100万亩农田需要引白河水灌溉,因此,在1957年决定修建一条白河灌渠,在实地勘测中发现怀柔县城西跨怀河,怀河因地势低洼导致工程量大、难度大,随后经当时的通县地委决定,改修渠为修水库。于是,有了怀柔水库边勘测、边设计、边施工的工作模式,同时,因为经费问题,县里动员了6万名农民,自带工具、工棚材料,自带口粮指标和生活用品,赶赴工地参加水库修建,据推算,农民自带的工具、材料为国家节省260余万元投资。[1]

怀柔水库建成后,灌溉怀柔、顺义、通县农田130万亩,年产商品鱼10万～17万千克。怀柔水库从建成至1985年的27年中,有14年其入库洪峰流量大于150立方米/秒,有10年其入库洪峰流量大于350立方米/秒,有6年其入库洪峰流量大于450立方米/秒。入库洪峰流量最大的一年是1972年,洪峰流量达4245立方米/秒,比1939年2400立方米/秒还多1845立方米/秒,但均未发生洪害。可见,怀柔水库的修建,对怀河下游的防洪安全发挥了重大作用,对潮白河的汛期起到了削洪错峰的作用。

1960年密云水库建成,白河引水渠扩建为京密引水渠,连通怀柔水库并向下游延伸,成为横贯密云、怀柔、顺义、昌平、海淀等县区向北京城市供水的重要渠道,怀柔水库成为密云水库向北京供水的大调节库。密云水库、怀柔水库与京密引水渠的联合运用,部分解决了北京市的用水问

---

[1] 参见北京政协文史和学习委员会编:《北京水史》,北京:中国水利水电出版社,2013年。

题。1984年，在怀柔水库西溢洪道西侧，建成北京市水源九厂，年向首都供水3.6亿立方米，怀柔水库成为首都水资源基地之一。1985年，北京市人民政府颁布了《北京市密云水库、怀柔水库和京密引水渠的水源保护管理暂行办法》，为保护怀柔水库"一池净水"，怀柔停办了有污染的工业项目，禁止在怀柔水库游泳和排放污物，停办水上体育及旅游娱乐活动，限制网箱养鱼等。

怀柔水库的建成在北京水利建设史上，占有重要地位。因怀柔水库紧邻怀柔城区，也就是现在的怀柔区政府所在地，水库的建设不仅有效改善了怀柔城区的景观格局，让城区呈现出依山傍水的山水景观，也提升了怀柔的城区气质。

04 怀柔山型记

袅袅炊烟在浅山：京郊村落记忆 | 怀柔卷

怀柔全区面积的89%为山区，山是怀柔的特色，也是怀柔的根基。怀柔区在落实北京城市总体规划定位，建设"首都北部重点生态保育及区域生态治理协作区、服务国家对外交往的生态发展示范区、绿色创新引领的高端科技文化发展区"的进程中，咬定青山不放松，持续进行山区生态保育和生态治理，青山换新颜，古韵悠长久。

从大的地貌单元来看，怀柔的山属于燕山山脉。广义的燕山山脉是指位于北纬39°40′~42°10′，东经115°45′~119°50′范围内总体呈东西走向的众多山地、丘陵。它东濒渤海，西接黄土高原，以北是广袤的内蒙古高原，以南则是平坦的华北平原，尽管其概念与范围在历史上有不同的说法，但作为地跨北京、河北两地的北部中山主体却少有争议。燕山山脉的地理意义在于它既是中国农牧交错带的组成部分，更是华北平原的北方屏障。[1]至于说到著名的地质学概念"燕山运动"，感兴趣的读者可以自己去查阅相关资料，在这里就不展开说了。

燕山从潮白河谷一带向东延伸约略呈一弧形，一直可达渤海之滨。燕山山脉是华北平原北部的重要屏障，是内蒙古高原和东北地区进入华北平原的必经之地。1211—1215年，成吉思汗三次围攻金中都（北京），主力都是翻越燕山山脉，以丰利（张北县西）、宣德（宣化）、居庸关、古北口、檀州（密云）、顺州（顺义）为主要进攻路线。抗日战争时期，八路军晋察冀军区第4纵队与冀东人民一道，依靠燕山山脉的复杂地形，开展游击战争，并以雾灵山地区为中心，创建了冀东抗日根据地。

怀柔境内的山再进一步细分的话，当归属于军都山山地。军都山的山

---

[1] 参见《中国地理百科》丛书编委会编著：《燕山山脉》，广州：世界图书出版广东有限公司，2016年第2版。

名疑源于古代部落桓都，亦作浑都，后演变为军都，是北京北部的重要山地。它西起关沟，东到昌平、延庆、怀柔、密云等区内，北接冀北中部山地，南临北京小平原，处于燕山山脉和太行山山脉的接合部位，东以古北口与燕山相邻，西界为居庸关同太行山相对峙。险要的地形地势造就了位于军都山的万里长城，长城沿山脊蜿蜒分布，包括现如今保存较好的八达岭、慕田峪、古北口等主要部分都在军都山中。军都山山地面积7000多平方千米，山地大致呈东西向延伸，长100多千米，宽数十千米，山间镶嵌着一系列断陷盆地，以低山为主，山体分散，相对高差较小，山势略缓。较高的山峰有海坨山、南猴顶、云蒙山、梧桐树沟顶、黑坨山等。白河、潮河等斜穿山区，深切峡谷，曲流发育，建有密云、怀柔等大中型水库。植被主要为次生落叶阔叶林及灌丛，部分山地有人工油松林。海坨山、云蒙山的自然植被保存较好，已划为自然保护区。南麓低山丘陵区是著名的板栗产地。

从燕山山脉到军都山山地，怀柔的地貌类型由于受山脉阻隔影响，类型多样，分布有平原、丘陵、低山、中山、河谷、盆地等地貌类型。地势由南向北逐渐升高，境内最高峰南猴顶海拔1705米，中北部汤河口盆地海拔264米，南部平原梭草村最低海拔只有34米。山区以石质山为显著特点。由于区内地质形成年代久远，致使山区岩性分布非常复杂。

全区地处华北褐土带，主要土壤有棕壤、褐土、潮土、水稻土四大土类共12个亚类，27个土属，102个土种。棕壤面积42.5万亩，占13.4%；褐土面积247.7万亩，占78%；潮土面积6.9万亩，占2.2%；水稻土面积1.5万亩，占0.5%。土壤质地平原区为轻壤和沙壤质，山区多为壤质和沙壤质，土壤pH值为5.9~8。

从怀柔区的地质地貌特征来看，区域的东南部为华北平原的北缘，属于平原地区，主要分布在怀柔东南部杨宋庄、北房及庙城镇的东部，海拔30～70米，由潮白河支流冲积而成，自北向南稍有倾斜。怀柔山前一带有洪积平原分布，其外围表现为向东南倾斜的洪积平原形态，向西北逐渐过渡为分布于丘陵之间的切割洪积台地。平原地区土层深厚，地势平坦，土地集中连片，现代化水平较高，是全区粮食、经济作物和畜牧业的主要生产区域，也是全区人口分布集中，交通、给排水等基础设施配套齐整，经济活动聚集的政治文化中心。盆地主要分布在北部汤河、白河河谷两侧，总面积7.8万亩。盆地河谷土层较厚，地势开阔，水利条件较好，但受气候条件影响，目前耕作制度多为一种一熟制，是全区籽种、杂粮、淡季蔬菜的主产区。

山景

04 怀柔山型记

浅山丘陵主要分布在长城以南与平原之间，分为两类。一类为怀柔区西南部平义分、沙峪口至北宅一带和东部的山前地带，由众多的小洪积扇、坡积裙、剥蚀残丘组成，因长期受流水侵蚀切割，较为破碎，地面坎坷不平。另一类为山地内部各河流两岸分布的丘陵台地，在西部林果区的山地及北部山区均有分布。浅山丘陵地貌一般海拔高度为100～250米，但山地内部丘陵的海拔高度在300米以上，主要由剥蚀残丘组成，阶坡地和沟谷土层较厚，土质良好，光照充足，雨量充沛，资源丰富，不仅是怀柔区干鲜果的主产区，也是冷水鱼养殖区和重要的旅游观光区。

低山是怀柔分布面积最大的一个地貌类型。主要分布在长城南北一带以及南北两条中山带之间的二级分水岭上。低山地貌形态差别较大，石灰

浅山山景

岩分布的地区坡陡峰峻；其他岩分布的地区，坡度相对较缓。低山地貌一般海拔高度为250～800米。其特点是：土薄干旱，耕地少而零散，自然条件差，是怀柔区实施山水林田湖草沙综合生态治理工程的重点区域。

怀柔高于800米的中山地貌，有两个延伸带。南部的延伸带位于长城北部，自东向西分布有云蒙山（1414米）和黑坨山（1533.9米），延伸至凤凰坨（1529米），在崎峰茶村的西部也断续分布一些中山（柳木坑梁头，1367米），其中黑坨山是京北著名的高山。北部的延伸带分布于怀柔区西北边界，呈断续分布，由东北、东南两种方向交错延伸分布。位于喇叭沟门满族乡帽山村的三道垄高尖（又称龙台上，1573米）为区内次高峰，主峰海拔1705米的南猴顶为全区第一高峰。这里山体陡峭，气候冷凉，人为破坏较小，植被覆盖率高，水土保持好，是怀柔天然次生林的主要分布区。这些莽莽苍苍、连绵不断的山地，是首都北京的绿色长城、天然屏障。

05 青山映古韵

袅袅炊烟在浅山：京郊村落记忆 ｜怀柔卷

怀柔浅山区有两座山是必须要说一说的，一个是红螺山，一个是圣泉山。有名句曰："山不在高，有仙则名。"随着时间的沉淀，山与仙相互成就，就像山与寺相互支撑一样。红螺山与红螺寺，圣泉山与圣泉寺就是这样的两对存在。此外，之所以要单独在这里说说这两座山，也是因为在探访乡村途中，它们是与浅山区村庄关系密切的两座山。

圣泉山

圣泉山位于怀柔区桥梓镇口头村北。在前往口头村的路上，从"圣

圣泉山花海与口头村路牌

泉山花海"到"圣泉山","圣泉"二字就一直伴随其中。因为季节的原因,"圣泉山花海"没有看到,但从沿途的景观标识和画墙上,可以想象到花海的胜景。

通过与口头村村民闲聊了解到,在历史时期,至少在唐代,圣泉山还不叫圣泉山,而是叫九龙山。之所以改名为圣泉山,是与一段传说有关。相传唐代女将樊梨花被困九龙山下,得观音救护后在山上修建了观音寺,初建时山上没有水源,寺内用水全靠寺僧到山下河里去背,非常艰难。但阖寺众僧发愿苦修,背水不止,礼佛不辍,志向坚韧。山间生活清苦,当缺乏点心蔬果时,僧人们便奉上背来的清水供养佛菩萨。韦驮菩萨住在前殿,每天看着僧人们往来背水,深为他们的坚忍不拔所感动,发心要帮信

圣泉山花海墙画

徒们解决吃水困难的问题。韦驮菩萨说到做到，有一天，观世音菩萨真身率诸天众菩萨齐聚圣泉山观音寺，环侍在佛前瞻礼诵经。韦驮菩萨确定佛位绝对安全，才决定抽空赶紧去办寺里用水的事。韦驮菩萨趁夜下山，转了多处，在怀柔城区东门外下元村看中一眼水井。此井水量充足，水质清凉甘甜，很满意。但他不能就这么把井拿走。佛家规矩大，僧人向世俗人讨要物品，叫作化缘，世俗人供奉给寺庙僧人物品叫作供养或施舍。所以韦驮菩萨看中了这口井，还要等村里人同意给他，他才能要。韦驮菩萨有信心，他坐在井边等。半夜谁来井边呀？可巧一个小伙子起早要出门，家里没水了，赶夜来挑水。水提上来，韦驮菩萨就向他讨水喝。小伙子见是一个出家人，便让他喝。韦驮菩萨要成就因缘，喝一口，夸一句："这水真甜，好井！"再喝一口，再夸一句："这水真甜，好井！"喝一口夸一句，小伙子着急回家，有点儿不耐烦了，就接了一句，"井好，你背回你家去！""谢过施主！"韦驮菩萨等的就是这句话。小伙子前脚刚走，韦驮菩萨用大力金刚杵把井一挫，背起就往回赶。韦驮菩萨背井上山，他也累呀！可时间紧迫，半夜子时鸡叫前必须把井安好。所以回到观音寺他立即安井，正当他安下井还没调正之际，鸡叫了，韦驮急忙放下井回归神位，井就成了斜井，山也因这口圣井而改名。传说也好，故事也罢，我想都是一种对山水诉求的美好心愿。山上如果没有水，山就失去了灵魂；而水藏于岩隙，涌出山岩形成山泉，或滋润山野，或从山间潺潺流出抚育乡民，村庄背山面水，藏气于穴，山水呼应才能相得益彰。

北京圣泉山旅游风景区现在是北京怀柔区的一个AAA级旅游风景区。景区距怀柔城区6千米，占地5平方千米，东临千年古刹红螺寺，西接万里长城慕田峪，背靠燕山，宏阔壮美，前拥怀沙河，风光旖旎。景区现有景点佛教文化苑、日月潭、三星洞、钟鼓楼、千年古刹观音寺等30余处。圣

圣泉山下

泉山是天然的佛教圣地,有佛教文化苑、钟鼓楼、灵骨塔等禅修之所,核心景观为圣泉山观音寺,寺庙周围有众多人文景观和自然景观。自2006年重修开放以来,已形成一个集登山健身、礼佛拜祖、休闲观光、民俗体验、节庆活动于一体的京郊文化名山。在景区官网上有一段介绍是这样写的:圣泉山没有五岳之名,却有五岳之势。放眼四周,高岭百转,群峰林立,峰岭之间沟谷棋布,远离尘世喧嚣,独享天然之气。景区山麓至"禅林春晓"段,海拔落差288米,上山步道坡度平均25度,适宜登山健身;"禅林春晓"至观音寺段,松柏葱翠,林荫夹道,山鸟啼鸣,空气清新,

泉泉炊烟在浅山：京郊村落记忆 | 怀柔卷

适宜漫步观景。[1]

2008年后，景区借助国家假日改革的契机，深入挖掘传统节日魅力，依托自身的自然资源，确立了"节节有活动，季季都精彩"的文化旅游营销推介举措，倾力打造独具特色的圣泉山文化旅游品牌，先后策划了圣泉山旅游健身文化节、端午文化节、中秋文化节等具有怀柔地域特色的旅游活动，让游客在饱览秀美山川的同时，能够体味旅游文化的乐趣，享受生态休闲的美好。景区曾经策划推出了"乡下有我一分田，我到地头来休闲"活动，让京城市民能亲身体验田园之乐，通过认领播种无公害蔬菜、老式农具认知等活动，进行农业科普和田间劳动，达到放松心情、体验农事、陶冶趣味的目的，让孩子们有一个识五谷、辨禾麦，亲近自然的机会。

在我看来，旅游景区的活动是吸引游客经常来游玩的关键。旅游活动要具备知识性，让游客从活动中增长见识；要具备美育性，让游客从活动中认知自然美、劳动美、心灵美；要具备体验性，让游客体验世间万物的差异与共性，挖掘自身的潜力。

红螺山

说到红螺山，大家一定会想到红螺寺。的确，后者要比前者更有名。但在探寻红螺山的过程中，却发现网络上对红螺山的介绍不仅少而且有明

---

[1] 参见怀柔区官网之景区介绍（http://www.bjhr.gov.cn/zjhr/hrly/jqjs/）和北京圣泉山旅游景区官网（http://bjsqshyk.com）。

显的错误,有不少文字都有"北京红螺山,横跨怀柔区(的红螺镇和雁栖湖镇)与房山区周口店镇"的表述,这让我不禁错愕,心想红螺山是如何从怀柔横跨到房山的呢?在旅游推介的相关网站上是这样描述的:红螺山位于怀柔城北5千米,距北京市区55千米。红螺山有东、西两座主峰,海拔分别为811.9米和812.9米,是一块风水宝地,其周围除红螺寺外,还有古寺古墓遗址上百处。红螺山为燕山山脉与华北平原的接合部,兼有山区、丘陵、平原多种地形,多种气候,适宜多种动植物繁衍生息,是个天然的植物园。红螺山怪石嶙峋,草木葱茏,野趣盎然。它前坡平缓,适于爬山游玩;后坡陡峭,适于攀登探险。可见,怀柔的红螺山从海拔高度对照,不属于浅山范畴,但由于该山与红螺寺和红螺镇村的关系,于是,对红螺山的认识就从纠错开始了。先是从地图上,查看到红螺寺景区现为国家AAAA级旅游景区,景区内北侧有红螺山,在东南侧有青龙山。随后,查阅正式出版的文献资料,很幸运的是,在《怀柔文史钩沉》[1]中发现了对红螺山横跨怀柔与房山的纠错。欣喜之下,就摘录于此,以正视听。

《怀柔文史钩沉》作者在书中写道:在中国,以"螺"为山名的不只有怀柔一地。北魏地理学家郦道元在其《水经注》中指明"渔水西南注入沽水,又南与螺山之水合。水出渔阳城南小山,魏氏土地记云:城南五里有螺山,水西南如沽水"。这里的渔阳城就是现如今位于怀柔北房镇梨园庄村东的隋唐前故城,沽水就是白河的古称,渔阳城南有小山即今罗山,当时罗山也称为螺山。因此,郦道元的记述是符合实际情况的。隋唐以后,渔阳郡迁移至现今天津蓟州城区一带。尽管在历史时期有学者错误照搬《水经注》的记述,如明末清初孙承泽的《天府广记》所记述的"螺山

---

[1] 参见王宝骏:《怀柔文史钩沉》,北京:方志出版社,2002年。

蓟州城南五里"就是把怀柔的螺山、沽水错误照搬至天津蓟州了。但在中华人民共和国成立后新编的《蓟县志》中，县城南面并没有山，白河也与蓟县没有关联。至于和房山的关系，是因为房山有一个"红螺崄（xiǎn）"，别称也叫作"红螺山"，与怀柔的红螺山一样，也有红螺洞及其洞内放红光的传说。我猜测是与石灰岩岩溶地貌有关。据《怀柔文史钩沉》的作者考证：《帝说景物略》中有"有洞曰红螺，当年红螺放光也"，《日下旧闻考》卷一百三十将房山红螺崄称为红螺山，"红螺山在县西南四十里，即幽岚山"，《清一统志》也记载辽宁葫芦岛有大、小红螺山。

在了解到红螺山这些历史文献后，我驱车来到了红螺寺。实际上，这已经是我近几年来第四次来红螺寺了，在此之前的2016年也曾经攀登过红螺山顶，这两年分别在春节和清明节过后到访过红螺寺，春节期间因人多没有停车进景区，而是走进了红螺镇村和芦庄村，村庄的故事会在后续章节中详述。最近一次去红螺寺是在一个清明节后的周末，那天天气晴朗、春光明媚，再次来到红螺寺，尽管山寺大门在维修，还要遵照防疫要求做好预约等各种准备，但我们依然带着满心的喜悦走进了红螺寺。一个小插曲是在山门入口处，看到了一处景观，走近看到上面写着"青龙山"，原来这是给位于红螺寺景区内东南方向的青龙山景区做的景观展示。青龙山与红螺山在红螺寺景区内，通过十二生肖园相连接，生肖龙就位于青龙山景区内。据景区导览介绍：民间传说"北海龙王"的太子，即一只"骊龙"，生活在此地的"珍珠泉"下，护佑着在此劳作生息的百姓，与乡民结下了深厚的情谊，后不惜违背龙王命其返回龙宫的旨意，化作头东尾西蜿蜒的青龙山，永久地守护这片山林。

离开青龙山景观展示处，直奔红螺山的入口。以往在入口处看到景区简介时，有时会过去瞄一眼，却不怎么走心去记忆，看过就像没有看过一样，但这次因为带着之前翻阅的文字记忆，还是很认真地阅读并进行了记录。入口牌子上是这样介绍的：

青龙山景观布景

红螺山顶两大峰中间夹一小峰，整体观之上部如大鹏金翅鸟振翅欲飞。西峰下一条山岭直伸而下，达其中部形成一个浑圆山岗，岗下有五条山梁直通平地，如一只巨手正在叩地。这一奇观早在东晋咸康四年（公元338年）就被高僧佛图澄指认为是佛祖释迦牟尼成道时的"触地印"瑞象，故此在这里建大明寺。

若从红螺山上空俯瞰，只见红螺山北面燕山蓝黛，长城似龙，南面山川湖泽如珠如镜，田园如画，天际间青岚浮动，似雾非烟，燕赵大地苍茫寥廓。而红螺山下碧波荡漾，绿荫如海，古寺灰瓦红墙镶嵌其中，亭台殿宇胜似仙山琼岛。山腰有观音寺。通过西边的观音路中部的红螺路和东边的青春路、健康路都可到达观音寺。由观音寺再上中天门，走长廊即可去东大顶。由观音寺东行百米依次是岭上长廊、过凉亭、弥勒峰等景观。

虽然兴致勃勃地开始了登山，怎奈力不从心，只爬到叠翠亭后，就气喘吁吁地再也不想动了，于是自我安慰说，这次的主要目标是找寻红螺山，既然知道了就可以了，等下次锻炼好身体再来。于是乎，就从另一侧下了山，沿着溪水的流向看到一些游乐设施，还有山路两侧的黄色报春花，一路上有家庭欢聚的热闹，有小孩子欢快地游玩，有年轻情侣拍照打卡的倩影。我随意拦截式采访了几位，这里面既有怀柔城区的居民，也有从北京城区过来的游客。大家一致认为红螺寺和红螺山是怀柔登山的好去处，而且北京的空气质量和生态环境越来越好，也有人提到怀柔在北京远郊区来讲，离城区的距离适中，交通方便，浅山地区有山有水有文化有田园有民宿有农家乐，周末来郊区走一走、爬爬山，和家人一起，既可以联络感情，又可以健身出汗，吸一吸天然氧吧，换一换肺，一举多得，是市民的最爱。

05 青山映古韵

红螺山

06 沟域经济兴

"人不负青山,青山定不负人。"

怀柔浅山区的山水在浅山人民和各级政府70多年来的坚持与努力下,变成了绿水青山,在极大改善生境的同时,转化为金山银山,为怀柔区经济社会发展提供了优良的自然条件和发展基础。其中最为突出的,当属发展沟域经济获得的经济、社会、生态效益。

沟域经济是指以山区自然沟域为单元,充分发掘沟域范围内的自然景观、历史文化遗迹和产业资源基础,对山、水、林、田、路、村和产业发展进行整体科学规划,集成生态涵养、旅游观光、民俗欣赏、高新技术、文化创意、科普教育等产业内容,建成绿色生态、产业融合、高端高效、特色鲜明的沟域产业经济带,以达到服务首都发展和农民致富目标的一种经济形态。发展沟域经济是发展绿色经济的重要内容,是建设人文北京、科技北京、绿色北京的重要组成部分,也是北京市山区落实功能定位、破解产业发展难题、走上文明小康之路的正确发展方向。经过几年发展,达到了提高山区农民收入水平、提高山区生态环境质量、提高城市居民幸福指数的良好效果。[1]

怀柔是北京最早开始试点实施沟域经济建设的远郊区。早在20世纪80年代,在改革开放政策指引下,怀柔区开始大力发展乡村经济,根据区域自然条件和产业基础,考虑到区域内有山泉774处,其中有珍珠泉、莲花泉、龙潭泉等涌量稳定的山泉261处,山前地区的泉水资源开发利用率较高,可建设成为怀柔区冷水鱼养殖、观光、垂钓、休闲娱乐的度假基地。重点选择冷水鱼养殖、西洋参和板栗三大新兴产业,与乡村旅游相结合,

---

[1] 《北京市研究沟域经济发展和人口计划生育工作情况》,《北京日报》,2009年11月12日。

06 沟域经济兴

创造出了一条适合怀柔区的乡村发展之路。2000年以后，位于浅山区的雁栖镇、渤海镇的虹鳟鱼养殖业、餐饮业、民俗旅游业日渐规模化。2005年初，在怀柔区委提出的"大力实施'草根战略'，结合生态环境建设，切实加强生态河川沿线自然、人文景观建设"精神指引下，雁栖镇启动了对"虹鳟鱼一条沟"按照"雁栖不夜谷"标准升级改造工程。一条沟富了一方民，当年，"雁栖不夜谷"里虹鳟鱼垂钓烧烤餐饮点发展到100多家，5个民俗旅游村的民俗户发展到近500家、2800余人从事相关产业工作。2006年，"雁栖不夜谷"创旅游综合收入1.34亿元，同比增长9.9%。2007年，渤海镇对南起关渡河，北至慕田峪环岛，全长7.5千米的公路沿线按照"一带、五区"标准建设"夜渤海"。"夜渤海"工程当年建设当年受益，实现综合收入2400万元。2007年11月，怀柔区委提出，要以"雁栖不夜谷"和"夜渤海"为样板，带动全区更多沟、谷、川发展。2008年，北京市第二次山区工作会议正式提出"发展沟域经济"。[1]随后，按照平原建园、山区建沟的思路，怀柔区目前已成功打造了国际文化村、天河川、白河湾、不夜谷等12条各具特色的沟域，沟域经济产业带总长度达到280千米，沟域山水资源价值成倍增长，实现了以乡村游为代表的一产与三产融合。[2]

地处怀柔城区西北部的雁栖镇和渤海镇，山多林密，水源质优丰富，具有良好的地理环境、生态优势和旅游资源。"雁栖不夜谷"前身是闻名京城的"虹鳟鱼一条沟"，位于雁栖镇中部，谷内有雁栖河、莲花河等河流，全长16.5千米，包括神堂峪村、官地村、石片村、莲花池村、长元村

---

[1] 《怀柔区开发沟域经济 锻造"金山银山"》，《怀柔报》，2019年11月25日，中国文明网北京站，http://bj.wenming.cn/hr/hryw/201911/t20191125_5329506.shtml#。

[2] 温来生：《怀柔沟域经济隆起富民高地》，《绿色中国》，2017年第6期，第73—75页。

不夜谷

5个行政村。区域内农户总数753户，人口2649人，其中民俗旅游专业村5个，民俗户480多户，垂钓园108家。"夜渤海"绿色生态餐饮走廊南起关渡河，北至慕田峪环岛，全长7.5千米，是前往慕田峪长城、响水湖等著名旅游景区的必经之路。沿途涉及3个村90多个民俗户，500多村民，其中有垂钓烧烤点30多家，高中档餐饮点10多家。[1]

在我个人的经历中，对神堂峪印象较为深刻。一是从长城体系看神堂

---

[1] 鲍晓健、董少波：《怀柔区发展沟域经济的现状及启示——以怀柔区"雁栖不夜谷""夜渤海"发展情况为例》，《北京农业职业学院学报》，2009年第4期。

峪,属于明代长城"四镇三关"之蓟镇石塘路石塘岭下辖的神堂峪关,永乐年间,是一个可通众骑,又可通步兵的险缓相接、宽窄相连的关口。二是与虹鳟鱼有关的一次经历。那是21世纪初期,我跟随北京大学地理学家王恩涌教授到神堂峪对"虹鳟鱼一条沟"做调研,当时有两个场景印象深刻,一个是老师找到路边一个看着规模还不小的餐馆,请我们吃烤虹鳟鱼。都是第一次吃,没有什么概念,店主送上来5小碟蘸料,等结账时才知道这蘸料居然每碟都要20元,当时就很气愤地与店主评理,最后店主自己也觉得不太合适,就只收了2小碟的钱;另一个就是神堂峪的水质很差,富营养化较为严重。这些应该是当时发展过程中急需改变的地方。2007年区、镇两级依照"巩固发展主体,推动生态治理与保护,坚持夜间亮化,增加文化内涵"的原则,通过实施民居改造、环境综合整治、河道治理、污水整治、夜间亮化、景观营造、新能源利用、公共服务设施建设、农业设施建设等工程,有效改善了景区的基础设施和公共服务水平,优化了旅游发展环境。

在其后的岁月里,再也没有机会和王先生同游神堂峪了,但和同事、家人倒是去过若干次,每一次都能感受到旅游环境在不断向好,无论是水质环境、硬件设施环境,还是餐饮服务环境都在发生着显著变化,"绿水青山就是金山银山"的理念已经深入人心。现在的神堂峪自然风景区,景色幽静秀丽,集山川、河流、奇峰、怪石、古长城及民俗为一体,春可植树,夏可戏水捉鱼,秋可采摘,冬可踏雪寻梅,绿色植被覆盖率达75%以上,林木繁茂、空气清新、水质清纯、气候宜人,环境质量在北京地区居于首位。即使在冬日,专门去神堂峪吃饭的客人也不在少数。近年来,随着人们对健康运动的热爱,神堂峪也修建起了徒步栈道。如果你不想走得那么累的话,神堂峪栈道是一个好选择,因为这是一条适合与家人、朋友

神堂峪栈道

一起徒步的栈道,在这里,可以走走、停停、看看,一边观花,一边赏溪,累了停下来休憩,感受阳光与山风。

07 怀柔水长城

说起长城，人们脑海中往往会浮现出烽火狼烟与金戈铁马中的呐喊，冰冷的铁蹄踏碎谁人的一席幽梦，梦中巧燕恰是涎柳迎春来，无数将士离开家乡，握住长矛，从此走向或是功成名就，或是马革裹尸的征途。如今，战火早已离我们远去，长城也随着时代的变迁有了全新的含义，人们不再赋予它战争与动荡的象征，而是把长城变成了我国独特的历史文化符号，重新将它定义为"和平"。

长城文化有着几千年的历史沉淀，集中体现了中国历史、建筑艺术、传统美学等诸多文化内涵，铸成了中华民族特有的以万众一心、自强不息、勇于进取为核心的长城精神，成为一种特殊的旅游资源。

北京地区的长城绝大多数修建于明代。而怀柔建县历史几乎与怀柔修筑明长城的历史是一致的。因此，怀柔段长城的修筑也是怀柔行政建制发展的开端，对怀柔的影响巨大且深远。根据专家研究，怀柔段长城东连密云古北口，西接昌平居庸关，自东向西横亘怀北、雁栖、渤海、九渡河4个镇22个建制村，总长65.4千米，占长城北京段全长的12.4%。[1]

怀柔段长城是明代在北齐长城基础上修建而成的，其设计修建巧妙利用地形地势，在坡度和缓的山体沿山脊砌筑墙体，在山势险峻的悬崖绝壁之处，以险山为屏障，在河谷或峡谷险要位置设置关口，并在关口内修建城堡。所以，怀柔段长城是由城墙、山险共同组成，长城的墙体结构清晰，脉络连贯。

怀柔段长城走向非常清晰，具有"三镇长城汇聚之所，两类长城分界之地"的显著特点，前者是指明长城沿线9个军事要镇中的蓟镇、昌镇、宣

---

[1] 参见北京市政协文史委，北京国际城市发展研究院，北京市怀柔区政协编著：《长城踞北·怀柔卷》，北京：北京出版社，2018年。

长城概貌

府三镇长城在北京北部的怀柔交会,形成雄伟壮丽的"北京结",成为保护京师和帝陵的重要门户,京师北门名副其实。根据《怀柔县志》记载,能发现"北京结"还是因为利用了遥感技术。1985年,中国地质矿产部地质遥感中心采用航空遥感技术,发现北京地区长城总走向主要分为东西、北西两个体系,这两个体系有一个接合点,位于怀柔八道河西栅子村旧水

坑西南的分水岭上，在东经119°29′38.9″，北纬40°27′45″，此处被命名为"北京结"。以"北京结"为枢纽点，长城分为3条支线：其东支长城由慕田峪以东依次为亓连口、神堂峪、河防口、大水峪至密云，明嘉靖时属蓟镇石塘路；西南支长城由慕田峪以西，经"北京结"的关口田仙峪，再依次经擦石口、磨石口、驴鞍岭口、大榛峪口、南冶口、大长峪口、小长峪口、黄花镇本镇口、鹞子峪口、撞道口、石湖峪口、西水峪口入延庆；西北支长城由黑坨山向西北经延庆入河北省。西南和西北两支长城明嘉靖年间为宣府长城。"北京结"长城的关口田仙峪，位于三渡河桃峪村北与八道河的交界山岭之上，建筑最为险要，山高坡陡，长城在高耸入云的山顶上昂然屹立，十分雄伟壮观。田仙峪口的城墙由山峰顶部在近似垂直的陡坡上飞临而下，形如一道笔直的天梯，人称"云梯"，关口人称"钻关"，关口附近有"十八盘""万人抠"等山险和著名的珍珠泉。

在"北京结"附近有两处长城的险要之地。一个是箭扣长城，位于三渡河桃峪村"龙潭泉"北侧的"箭扣"梁顶端，海拔高度为1044米，属于黑坨山山系。两座山峰之间是数十丈深的悬崖峭壁，为了不把两座山峰的制高点留在长城以外，长城必须从峰顶跨深谷通过，修筑长城的工匠巧妙地用了"铁梁飞跨"的办法解决了这一难题，用几根巨大的铁梁横架在两峰之间，长城在铁梁上修了过去，堪称长城建筑中绝无仅有的景观。另一个是"鹰飞倒仰"，长城在接近90度的峭壁悬崖上直立向上，据说老鹰飞到这里也要翻转身躯才能飞过去，故人们形象地称这段长城为"鹰飞倒仰"。这一带险山高耸入云，长城如巨龙飞舞，沿线还有"擦边儿过""过单边""油篓顶""翻身下海"等多处天险奇观。对于砖包墙为主的"北京结"的复述，进一步加深了我对长城建造知识的了解，使我进一步认识到怀柔段长城在北京地区长城分布格局和研究内外两大长城体系上的重要意义。

　　慕田峪长城和黄花城水长城是怀柔浅山区乡村旅游的文化符号，它们的存在带动了北京市民爬长城、吃农家饭、住民宿等旅游休闲活动的兴起，极大地推动了怀柔浅山乡村文化旅游产业的发展。而怀柔黄花城水长城在长城北京段中又是最特殊的一段。

　　黄花城水长城旅游区是国家AAAA级景区，位于北京市怀柔区九渡河镇境内，因三段长城入水而得名，是长城北京段唯一的一处与水相连的长城。景区距北京市区65千米、怀柔城区35千米，以奇而著称，以秀为特色，是融青山、碧水、长城、古树为一体的旅游休闲胜地。引人入胜的水长城"四大奇观"包括长城绕湖畔、巨龙探水湾、沧桑古栗园、峭壁山水潭。景区内山清水秀，长城雄伟壮观，既有江南水乡的优雅风韵，又有塞外北国的壮美风光，可谓集南北风光于一体，融自然人文为一身，故有"塞外景，江南风，尽在水长城"的美誉。黄花城水长城旅游区以它那古朴的情怀、独有的魅力，吸引着来自四面八方的游客。有道是：

古城敌台入云端，一泓碧水抱城垣。
古栗根深枝叶茂，水城山色一洞天。

　　说起黄花城水长城，在《四镇三关志》中有这样一段记载："黄花镇川河源出塞外，自黄花镇口入，经昌平，东北至怀柔合白河，其流九曲，俗呼九渡河。"[1]这里提到的黄花镇与我们现在的黄花城水长城是一回事

---

[1] [明]刘效祖撰；彭勇，崔继来校注：《四镇三关志校注》，郑州：中州古籍出版社，2018年，第51页。

儿吗？带着这样的问题，我探寻起两者之间的关系。在翻阅《怀柔县志》时，看到有对黄花城长城的介绍，一开始以为黄花城长城就是黄花城水长城，后仔细对照其他文献后发现这两个并不是一段相同的长城。

那黄花城又在哪里呢？明代诗人章士雅在《黄花镇》中写道："天险曾开百二关，黄花古镇暮云间。"实际上，黄花城与黄花镇相距2.5千米，东为"镇上"，西为"城上"，黄花城村的形成要晚于黄花镇村。而黄花镇村成村大约在金代前后，属于军事重镇。明景泰四年（1453年），为抗击塞外诸夷对边关的侵扰，于头道关内，也就是现如今黄花城的位置，修建堡城，将原来安置在黄花镇村的军事指挥机构迁移至黄花城村。

黄花城关口，旧时称作本镇口，是黄花城长城的第一道关口。据记载，黄花城长城位于黄花城乡黄花城村西北，距离怀柔城区35千米。黄花城于元代曾设千户所，由于地处天寿山之后，明代时成为京师北门、皇陵玄武的边关重镇。明弘治中遣总制严兰经略东西诸关，就以黄花城为中心，一自黄花而东，经密云至山海关；一自黄花而西，历居庸、紫荆至龙泉关。明景泰年间，设内官守备。明嘉靖十七年（1538年）建成本镇口关。嘉靖三十年（1551年）黄花城为长城黄花路的治所驻地，设黄花路营，有参将1员，领中军1员，千把总4员。嘉靖四十三年（1564年），设分守黄花镇参将1员，标下守备1员，千总1员，把总2员。明万历七年（1579年），有人在本镇口关关门西侧的山岩上刻"金汤"二字，上款为"己卯春"，下款"金陵夷臣书"。黄花城长城西由怀柔与延庆三岔大队相接处起，东至二道关十八蹬止，全长10800米。有敌楼44座，均下以条石为基，上砌城砖，建筑精细。附近山清水秀，头道关下建有蓄水70万立方米的水库1座，该水库因位于刻有"金汤"二字的山下，故称"金汤池"。水库大坝两端与长城相接,雄伟壮观。雨季,湖水由坝顶飞流而下,映出壮丽的彩虹。[1]因此,这里讲到的黄花城长城,又被称作"金汤长城"。这段长城东起小长峪,西至撞道口,全长约4千米,整体结构为石条结构,是明长城的精华所在。

那么,黄花城水长城又是怎么回事儿呢?前文讲到怀柔的河流水系较为丰富,从山涧汇集而出的河流在山前形成冲积洪积平原,因此,依山险而建的长城关口,在怀柔境内多遇山前河流阻隔,这就需要将关口修建为水关,行洪时可作为泄洪通道,无水时可以通车马。据资料记载,黄花城水长城原为明代西水峪长城,其关口建在今西水峪水库大坝处。西水峪长城曾是明代黄花路所辖的17座隘口之一,也是今天长城怀柔段西侧的最后一道关口。西水峪长城改为水长城的缘由在于1976年开始兴建西水峪水库,使得黄花城长城有部分长城段没入水中,形成长城入水的奇观。[2]

黄花城水长城具有"三绝景":一绝是景色,怀柔的山与长城融合形成的景色秀美壮观;二绝是长城入水,水没古城垣的奇特景观;三绝是明代的板栗园,古板栗根深叶茂,令人叹为观止。

---

[1] 参见《怀柔县志》编纂委员会编著:《怀柔县志》,北京:北京出版社,1999年。
[2] 参见北京市政协文史委,北京国际城市发展研究院,北京市怀柔区政协编著:《长城踞北·怀柔卷》,北京:北京出版社,2018年。

08 重边慕田峪

慕田峪长城对于我而言，是我最初认识怀柔的媒介。记得第一次和当时还是男友的老公去京郊玩，就是一起去的慕田峪长城，当时我问他为什么不是去八达岭呢？他说慕田峪就像西单之于北京市民，八达岭就像王府井之于外地游客。姑且不论此比喻是否正确，但慕田峪长城的险峻让第一次爬长城的我真切领略到长城与好汉的关系，第一次领略到长城作为军事防御工程所反映出来的中国古人的伟大智慧和巧夺天工。

慕田峪长城位于三渡河慕田峪村北侧，距北京市区70千米，距怀柔城区20千米。1987年12月，中国长城列入世界文化遗产，2011年慕田峪长城被评为国家AAAAA级旅游景区。

慕田峪长城是长城"双边镇守"的典型地段。所谓双边镇守，既是指内外长城同时扼守山险，也是指慕田峪一带双面垛口形成的防御架构。前面提到的"两类长城分界之地"，就是指从慕田峪至黄花城一带的长城是

世界文化遗产标志石

08 重边慕田峪

险峻之地

 袅袅炊烟在浅山：京郊村落记忆 ｜怀柔卷

敌楼

08 重边慕田峪

双垛口长城

北京地区"双边"(古文称作重边)长城与"单边"长城的分界关口,以西为双面垛口,以东为单边垛口,是区别于其他段长城的重要标志。

慕田峪长城是明洪武元年(1368年)由朱元璋手下大将、明初开国元勋徐达在北齐长城遗址上督建而成,也是徐达修筑长城的起讫点之一。此段长城东连古北口,西接居庸关,自古以来就是拱卫京畿的军事要冲,有正关台、大角楼、鹰飞倒仰、箭扣、"北京结"等著名敌楼,有着深厚的历史价值和极高的文化价值。慕田峪原名"摩天峪"。明代以后,改称慕田峪。

慕田峪关城在今慕田峪村内东侧,已毁,不过关城石匾"慕田谷关"犹存。隘口"正关台"是慕田谷关的前哨,由3座并立的敌楼组成,两侧

楼体较小，中间楼室宽大，3座敌楼之上有3座望亭，关口不由城台正中开设，而在东侧设门，沿陡坡筑成台阶进出，独特的关门建筑为他处长城罕见。明隆庆元年（1567年），朝廷将抗倭名将戚继光和谭纶调到蓟州，统辖蓟镇军事防务。于是，二人开始大规模整修辖区内的长城，嘉田峪长城是这次整修工程中施工最精细、修筑最独特的一段。长城的墙体高为8米，底宽6米，上宽4米，内外两面均以13层青色花岗岩条石起基包砌，墙上内外两侧均筑有长约5尺、宽1尺、高2尺多的垛口，垛口之下设箭孔，险要处有炮台。在主墙体之外建有"支城"，即在内外两侧的险要地段再修出长几米或几十米的支段，当地人称为"刀把楼"。慕田峪长城的敌楼不论规模大小，都建成上、下两层，中间留有"品"字形或"回"字形通道，通道四面建有箭窗，楼顶上环以垛口。但在后来的岁月中，慕田峪长城逐渐淡出人们的视野。

直到1986年4月，慕田峪长城在经过修复后正式对外开放。长城游览段由17号楼开始至大角楼止，全长2250米，有敌楼22座。大角楼以东有长约1000米的支城，人称"秃尾巴边"，西北有"之"字形的"牛犄角边"，长城内外松荫翳日，有树龄百年以上古松200多株，尤以"迎宾松""鸳鸯松""王冠松""卧人松"等奇松最为著名，正关台两侧有莲花泉、珍珠泉、龙潭泉3处泉水。长城内外植被覆盖率在70%以上，主要树种有辽东栎、山杨、白桦、油松、侧柏及大面积的板栗、山杏、红果、糖梨、鸭梨、核桃等果树。据统计，1987—1990年共接待游客186万人次，年平均接待游客46.5万人次。以深厚的长城文化为底蕴的慕田峪景区，是怀柔第一个对外开放的旅游区，对怀柔的经济腾飞，特别是对怀柔旅游业的发展，起到了重要作用。慕田峪开放打开了怀柔对外开放的一个窗口，使红螺寺、雁栖湖、青龙峡等一批有着良好的生态自然景观和深厚人文景观的旅游区

沿山脊蜿蜒的长城

迅速崛起。同时,也带动了民俗旅游业的发展,仅慕田峪长城旅游区沿途17千米两侧,就发展了虹鳟鱼垂钓、果品采摘等活动设施建设,带动了上千户农民开展农家乐,从第一产业转向第一、第三产业结合发展,形成了辐射力极强的长城旅游产业带。

　　慕田峪长城旅游区始终坚持"合理利用、永续开发"的保护原则,精心打造国际品牌形象。一是全力营造长城历史文化氛围。景区配套设施包括厕所在内,全部是古色古香的仿古建筑。景区在游人相对集中的地点塑造了民族英雄戚继光全身戎装雕像,修复了两座长城炮台。景区还将扩建长城文化展室,集中展示精心收集、整理的有关长城的碑刻、牌匾、兵器、钱币等文物。二是全力打造慕田峪生态品牌。绿色长城是怀柔长城文化的突出特色,也是慕田峪吸引中外游客的魅力所在。为打响绿色生态品牌,景区全面恢复步道和被破坏的植被,大量植树、种花、种草,由自然

型向可观赏型、园林型向园艺型转变，慕田峪长城旅游区植被覆盖率高达96%以上。此外，景区还将长城文化与健康、活力的生活理念融合，打造丰富多彩的主题活动，如元旦迎日祈福活动、古风文化节、青岛啤酒节、五彩红叶节、金融街"悦跑汇"等，并成功举办了"世界独轮车长城行"活动、"华远杯铁人三项赛"等国际赛事。慕田峪在提升景区国际化品牌形象的同时，向海内外游客展示慕田峪长城独有的文化底蕴与魅力。

几次前往慕田峪长城，每次都会有不一样的感受和发现。

春日的慕田峪长城，绿意渐渐爬满山坡，而粉白、粉红的春花却像顽皮的孩子找寻着合适的位置，躲闪着、簇拥着点缀山峦，远远望去有些像国画中的点翠手法。古朴的墙砖与鲜嫩的花朵体现出刚柔相济的和谐之美，长城内外，每个山谷里都等待着千树桃花万树柳的盎然。明代孙学诗在《游慕田峪·题公太史园》中描述道：

慕田有谷异寻常，主人卜筑成西堂。
借问谷中何所有？千树桃花万树柳。
堂中削壁碍星辰，堂侧喷薄河声吼。
风尘隔断溪壑静，为耽幽僻子之性。
吾子原具登临癖，遇山逢水应须惜。
前此来游岂无人，山若有情待子辟。
酒怀诗卷惟君意，狂来白眼空天地。
既有此山须有子，山灵得子应不死。
吾将结庐坐之旁，共子渔樵老于此。

08 重边慕田峪

山花点翠

 袅袅炊烟在浅山：京郊村落记忆 ｜怀柔卷

长城砖与春花

08 重边慕田峪

站在夏日的慕田峪长城上放眼望去，翠绿一片，灰褐色的长城与碧绿的树木交织在一起，长城就像一条巨龙，蜿蜒延展，敌楼在远处向游人招手，像是在说："快点，再快点就可以来敌楼里面享受一下阴凉了！"而山间不时拂过的山风，又让你觉得即使慢一点儿也可以忍受。

夏日长城

秋冬季节的长城,则显得苍凉与悲壮,好像这才是古代长城应有的样貌。《楚辞·远游》中有这样一句诗句:"山萧条而无兽兮,野寂漠其无人。"守边的将士们在萧瑟的冬日,耐着寂寞驻守于此,那是对家人、对家园的无比热爱,对和平的无比渴望。

秋冬长城

08 重边慕田峪

　　伴随着北京大运河文化带、长城文化带、西山永定河文化带的年度建设计划落实,以及长城国家文化公园规划建设方案的推进与实施,慕田峪长城在做好保护的基础上,充分挖掘长城文化内涵,让慕田峪长城成为穿越历史时空的文化使者,让古老的慕田峪长城焕发新的活力。

慕田峪长城

09 访古刹名寺

行走在怀柔浅山的山水乡居之间，总是在不同的意境之间兜兜转转。一种是自然山水的天地广阔、万物自在，无论是山的刚毅，还是水的柔美，都能让沉浸其中的人们忘却烦恼，不时会萌生天高任鸟飞、海阔凭鱼跃的豪迈；一种是长城的万里连云际、风吹草木生，长城内外连绵蜿蜒、险峻精巧，四季同地不同景的变化，让人感叹长城壮丽之余，会不由自主地产生一种自豪感。还有一种是乡村的柴门犬吠、悠然自得，那种令人不由自主慢下来的力量，也许就是奔波于喧嚣城市里的人最向往的生活。其实，浅山还有一种意境，是隐藏在山寺里的人间烟火，初听起来有些矛盾，但细想一下，山里的寺院何时能够真正地清静呢？寺院、僧人、香客，节事期间人来人往的热闹，那应是一种最令人心安的烟火气吧。让我们循着怀柔浅山区的山水、长城，再一起去看看"四月人间芳菲尽，山寺桃花始盛开"的画卷，体会"长衫我亦何为者，也在游人笑语中"的场景。

谈到山寺，就像是并蒂莲，山与寺常常同时出现。仔细想来，城市里寺庙建筑的大门也被叫作山门，可见寺庙与山的关系非常紧密。据说，大多数寺庙建在山里，一是因为不受土地限制，二是可以自给自足，三是清静，可避世修行。无论是什么原因，名山藏古刹似乎是一种定律。在怀柔的浅山区就有红螺寺与圣泉寺。

红螺古刹

某日，清早起来，想起浅山区的山寺还没有仔细探究过，心动就行动,于是,半个小时后,我们就驱车前往红螺寺。路上想到了唐代诗人常建那首《题破山寺后禅院》,尽管破山寺是在南方,但诗句中所描写的画面却是南北方山寺的共同特征。

清晨入古寺,初日照高林。
曲径通幽处,禅房花木深。
山光悦鸟性,潭影空人心。
万籁此俱寂,唯闻钟磬音。

从停车场到红螺寺之间有一条不足百米的小巷,出来后就是红螺寺前小广场,面对红螺寺山门,前有一个三开间的彩绘牌坊,上书两块牌匾,上匾为启功所书"红螺寺",下匾书"京北巨刹"。我们去的那天山门还在维修中,山门与牌坊之间矗立着一座铜铸香炉,上书"红螺寺赐福",是2007年放置于此的。进入山门后,镌刻有篆体的"须弥胜境"影壁便映入眼帘。

红螺寺坐北朝南依红螺山山势而建,步入红螺寺大雄宝殿前,有一方"红螺寺"印石,想进入寺庙山门要经过一个石坡路,当地人称礓嚓子。石坡路宽2丈、长5丈,坡度为25度,路面不造台阶,而以石条凿出反齿铺成,这在国内大小寺庙中都不多见,因此它成为红螺寺的一大特色。但因年代久远,路面有损坏,现在这个石坡路前后用植物或者线绳围住,被保护了起来。

说到红螺寺的特色,不得不说"红螺寺三绝景",那就是御竹林、雌雄银杏和点缀在古寺内外的紫藤寄松,百万株翠竹与千亩古松林拥抱着整个寺院,形成了一幅"碧波藏古刹"的优美画卷。

红螺寺山门外的牌楼

"须弥胜境"影壁

09 访古刹名寺

红螺寺山门外石碑

袅袅炊烟在浅山：京郊村落记忆 | 怀柔卷

御竹苑

09 访古刹名寺

红螺寺始建于东晋咸康四年（338年），已有1600多年的悠久历史，深厚的历史积淀和文化浸润，奇妙的地理环境和气候条件，成就了红螺寺为一方完美殊胜、绝尘脱俗的"净土佛国"。红螺寺为十方常住寺，是我国北方佛教发祥地和佛教丛林，千余年来在佛教界享有极高的地位。世有"南有普陀，北有红螺"之说。

关于红螺寺的始建年代，民间有两种不同的说法，其中一种说法是红螺寺始建于东晋，开山鼻祖是西域僧人佛图澄，龟兹生人，传说西晋末年，佛图澄由于感梦来到中原北方寻找佛教发源地，20余年未果，未承想在东晋咸康四年（338年）来到渔阳城，也就是现在的怀柔地区，发现了红螺山，他见红螺山山形上部如舞动双翼的大鹏金翅鸟，山底有佛祖成道时"触地印"瑞象，恰合他感梦之境，于是佛图澄在红螺山创建此寺，起名"大明寺"。

而另一种说法是红螺寺始建于唐朝，在由元代昭义馆学士樊从义撰文、宣文阁监书博士王与书写的《红螺山大明寺碑》中明确指出过红螺寺始建于唐，碑中所写的"峨峨佛刹山之阳，开基创建于盛唐"就是红螺寺建寺时间的最有力证据。

所以，就有了红螺寺原名"大明寺"，后在明正统年间改名"护国资福禅寺"，而"红螺寺"正是"护国资福禅寺"的俗称一说。此寺为京北著名巨刹，寺院占地百余亩，有房屋244间。寺院坐北朝南，5个院落依山而建：以天王殿、大雄宝殿、禅堂为轴心，东、西4座配殿及诵经房构成中院，东院为贵宾客厅和厨房，西院是方丈室和十方堂，东坎下大院为延寿堂和老僧退居所，西院以西是塔院，建有和尚骨灰堂、灵骨塔及螺蛳塔。金代佛觉、元代云山、清代彻悟醒为红螺寺三大高僧。历代皇室曾多次拨款重修。清康熙三十二年（1693年），康熙皇帝曾到此寺拜佛。1951

年,怀柔师范学校将该寺内天王殿、配殿、禅堂、诵经房等大批建筑改作教室、礼堂、宿舍等使用。1988年4月,师范学校迁出,红螺寺开始由怀柔县文化文物局接管。1990年,该寺被定为北京市第四批重点文物保护单位。

红螺寺的历史并不像有些人所说,历经唐、宋、元、明、清各代,始终是佛寺的巨刹。清道光十四年(1834年),怀柔知县陈大忠撰文勒石的《重修红螺山资福寺碑》中就有"或作山庵,或为丛林,前后兴革不一"的记载,古人常称十分狭小的庙宇为山庵,规模宏大的庙宇为丛林,红螺寺在时代的变迁中"或作山庵,或为丛林",可见其经历了由盛转衰,又由衰转盛的变化。

大家或许都知道中国古代绝大多数建筑,包括寺庙建筑,多是用砖木建造而成,在岁月的风蚀雨淋中,很难保持最初建筑的一砖一瓦一木。因此,现在保存完好的古建筑大多都是经历过多次的重建与修复,从另一个角度来说,古建筑的每次修缮都是印刻在建筑上的历史印记。

关于红螺寺的修缮经过,有诸多石刻碑文可以参考。[1]其中,《红螺山大明寺碑》始刻于元至正十六年(1356年),是当时红螺寺住持福果,为纪念元代高僧云山禅师于元至正十二年(1352年)退隐红螺寺后,重修红螺寺的功德,请当时昭文馆学士樊从义撰文勒石建碑。碑文见载于清康熙年间成书的《怀柔县新志》,原碑今已不存。樊从义所撰碑文有说:"兹寺由唐历辽、金已至我朝,主事者皆以绍隆为切务,灯灯续焰于无穷。"由此可见,红螺寺确实经历金、元、明、清,且在各个朝代都有过修葺,

---

[1] 国家旅游地理:《北京怀柔红螺寺碑刻遗迹》,http://faxian.cntgol.com/2013/0224/16784.shtml,2013-02-24 16:12。

而正是因为历朝历代人们对红螺寺的重视与保护，红螺寺才得以灯灯续焰，历久不衰。

王宝骏先生在其所著的《怀柔文史钩沉》[1]一书中，对于红螺寺的修缮经过有较为详细的记载。

金皇统年间的修缮：1141年，金熙宗迫使南宋王朝签订"绍兴和议"，岳飞受12道金牌下狱，金人为庆祝胜利，改天眷四年（1141年）为皇统元年，与此同时大修佛事。重修红螺寺就是当时的大修佛事之一。

元仁宗皇庆、延祐年间的修缮：元代习俗，新皇帝即位都要兴修佛寺，1312—1315年前后即皇庆元年到延祐二年年间，因新皇继位，由太皇太后提议修庙，修的便是红螺寺。此次修缮红螺寺距离上次修缮已经过了171年。

元顺帝至正年间的修缮：这次修缮距上次修缮仅间隔40年，短短的40年时间为什么又要重修呢？原因是红螺寺的大殿和屋宇因自然灾害遭受破坏。樊从义所撰之碑有一段关于云山禅师于1352年来到红螺寺后的记述："师至山中，顾瞻徘徊，喟然叹曰：'昔太皇太后出内帑命余修之，今风雨震凌，栋宇之坏，又若是焉？'"云山所说的"风雨震凌"并不是文学描绘，而是他的亲身经历。因为这40年中，北京地区确实发生了水灾、风灾和较大的地震灾害。据光绪《顺天府志·灾祥志》中记述，这40年中，北京有大小地震7次，其中元至元三年（1337年）八月辛巳夜，京师地震；壬午又大震，损太庙神主，太庙梁柱裂，各室墙壁皆坏，压损仪物。大水灾有6次，1325年，檀顺州两河决溢；1327年十月，霖雨水溢，坏民田庐；1348年的大水灾，京师的城墙都倒塌了不少。风灾如1326年八月，昌平

---

[1] 王宝骏：《怀柔文史钩沉》，北京：方志出版社，2002年。

等县大风一昼夜，坏民居室900家。这些，都可能使红螺寺受到不同程度的影响与毁坏。而1337年的地震，恐怕对红螺寺的影响更大。

明英宗正统二年（1437年）的修缮：英宗正统二年，英宗的长姐顺德长公主下嫁石璟，因此重修了红螺寺。这次距离上次重修间隔时间为85年，修庙原因与公主成婚大礼大修佛事有关。

清道光八年至道光十二年（1828—1832年）的修缮：这次的修建有保存完好的石碑记叙了重修经过。主持修缮的人是彻悟醒禅师的高足弟子、红螺寺住持天朗。他用彻悟的积蓄和王公大臣等资助的资金修了大殿，接着发动皇室亲戚和当地乡绅、商号等共同出资进一步做了较大规模的整修。天朗的高明之处在于能动员各方面力量，让有钱的出钱，有物的出物。皇室亲王的基地陵园有大量树木，天朗就拜托他们捐赠木料，而县城商号"丰聚号""广源号""六合居""兴隆号""协成玉"等10多家商号，均出资赞助，一举修了殿后念佛堂、配殿、客室、僧舍、厨房、库房及供器用具。这次修缮，距上一次整修已经过去了391年。

不光是红螺寺的由来，关于红螺寺的传说，民间也有好几种说法，但不管故事有多少个版本，大体都是玉皇大帝的两个女儿下凡人间，化为两个巨大的红螺栖身于红螺寺。有人说两位仙女是来人间拯救深陷于水火之中的黎民百姓，也有人说两位仙女是贪恋红螺湖的优美风景，更有一种说法是两位仙女看上了凡间男子，爱慕人间的情感从而留在了这里。这些故事或是有着凛然大义，或者包含着人间真情，但不论怎样，红螺寺都在这些或唯美、或传奇的传说故事中成为一座既有仙气又有人间烟火气的传奇古刹。

红螺寺的烟火气不仅表现在它的神话故事里，也表现在它的奇妙景观中，"红螺腾焰"就是红螺寺的一大景观。虽然我没有机会见识闻名遐迩的红螺腾焰,但书中关于红螺腾焰的美丽景象却深深地吸引了我。据说,傍晚时分,红螺山绚辉林麓,满山满树都是殷红的霞光霓虹,仿佛红螺山上每晚都有两只红螺放光吐焰。明代的巡关御史冯文卿更是在《长安客话》中为红螺腾焰专门写了一首诗:"非云非雾亦非烟,夕喷红芒焰烛天。山际翠眉呈秀气,潭中螺髻照灵巅。虹霓林麓光遥度,老蜃楼台影倒悬。百丈峰头近北斗,错疑圣地吐龙泉。"

大家可别小看这首七言律诗,冯文卿就凭这首短短56个字的律诗告诉了我们为什么红螺山会有红螺腾焰的美丽景象:首先,红螺腾的不是云不是雾不是烟,那是什么呢?有可能是水雾,红螺寺东侧有大片郁郁葱葱的松树,茂盛的松树林最能储蓄水分,这就是"山际翠眉呈秀气"。傍晚时分,树林进行蒸腾作用释放水蒸气,水蒸气遇冷液化成水雾,在夕阳的照耀下就形成了人们所看见的红螺腾焰,于是"夕喷红芒焰烛天"。红螺腾焰虽然只是一个在大自然里随处可见的自然现象,但当地人赋予它的美好想象却为它增添了一份美感与一份神秘,大自然是神奇的,人类的想象力也是神奇的,当二者相遇后,无数个美丽又神秘的神话故事就在世间悄无声息地诞生了,而红螺寺的红螺腾焰就是二者相遇的又一个美丽的作品。

许多名人与红螺寺结下了不解之缘。《红螺寺大明寺碑》上说,怀柔红螺寺与北京圣安寺是同宗同派的佛寺,也就是红螺寺曾是圣安寺的下院。圣安寺是金、元两代皇家的家庙。金太宗完颜晟在位时,高僧佛觉大师在圣安寺讲经。金世宗完颜雍大定三年(1163年),佛觉把主持圣安寺讲经的任务交给晦堂法师,退隐到怀柔红螺寺。佛觉禅师为红螺寺和北京圣安寺建起了一座同宗同派的桥梁,从而为红螺寺文化的兴起开辟了一条新路。在佛觉禅师讲经190多年之后,又一位佛学大师云山禅师归隐红螺寺,使红螺文化再一次兴盛。一是融佛学与儒学为一体。云山禅师先后主

持元代皇室祠庙圣安寺40年,不仅是元代佛学泰斗,也是元代皇帝的首席文化顾问。1352年云山禅师谢绝了皇帝的挽留,退隐怀柔红螺寺。云山禅师在"北地严寒不宜竹"的怀柔地区,栽种了大面积的翠竹,为红螺寺增添了新的亮点,为红螺寺文化中竹文化的发展奠定了基础。云山禅师还两次主持红螺寺的修缮工程。清康熙三十二年(1693年),康熙皇帝到红螺寺游览,对红螺园林文化颇感兴趣,还指令随行人员清点了红螺寺翠竹的株数,数出来是613株。后来怀柔知县吴景果〔清康熙五十三年(1714年)至康熙六十一年(1722年)在任,编修了清《怀柔县志》〕为宣扬红螺寺的园林文化,在他办公的县署内建书屋3间,移栽了红螺寺的翠竹于房前,题名"螺竹轩"。康熙年间,著名文人朱尊、王士禛等经常到圣安寺联句吟诗,这个风气很快传播到红螺寺,因而出现了众多文人齐集红螺寺,举办赏花笔会、诗会等文化活动。

红螺寺文化的发展与彻悟醒、印光两位净土宗的禅师密不可分。彻悟醒禅师是河北丰润人,俗姓马,名际醒。1792年在北京大钟寺讲经,1800年退隐怀柔红螺寺。彻悟醒禅师精通佛学、儒学,平生著述甚丰,有《梦东遗足迹》存世,他的《讲示偈》主张人与自然要和谐相处,就如同红螺寺的"云自高飞水自流"的景观一样,要顺其自然。印光禅师是陕西郃阳人,俗姓马。1886年到红螺寺讲经,1893年到浙江普陀山法雨寺经楼精心研究佛家经文。红螺寺至印光禅师在时更为海内所知,"南有普陀,北有红螺"之说,实由于印光禅师在普陀和红螺两地讲学而来。

现为国家AAAA级旅游景区的红螺寺,千年古寺山水环绕依山而建,北依雄伟的红螺山,南照秀美的红螺湖,寺庙周边古树参天,藏风聚气,山川灵气,造就了这里独占地理风水之妙、独具自然环境之美的佛家园林景观，为一方宝地。红螺寺景区总面积8平方千米，现已形成了3个"文化区"和2个"观景区"的旅游观光格局，即红螺寺古庙文化区、观音寺文化区、大佛文化区和红螺山、青龙山自然观景区，具有"春看花、夏避暑、秋观叶、冬赏岁寒三友"的观光特色。悠久深厚的红螺文化也影响和滋润着周围的村镇百姓，红螺寺附近民风淳朴、祥和，文化氛围浓重，民间自发涌现了小车会、高跷会及舞龙、舞狮、民乐演奏等多样的文化表现形式。[1]

红螺寺之行，让我对红螺寺历史的了解更加全面，慢行在红螺寺的山水寺院间，会有一种岁月也随之慢下来的感觉，红墙灰瓦围合的院落、长长的甬道，或绿或黄或褐的植被，寂静中带着一些生机，不禁让人感叹：你看岁月悠长，岁月待你如一。寺院的四季与城市的四季相比，虽晚却不会缺席。人们来到寺院，既是在寻找一种心灵慰藉，也是在寻找晚到的四季，抑或就是为了留下不同的场景。人们总会记得用白居易那首《大林寺桃花》的前两句，来形容地理现象中的垂直地带性，四月的人间，应该就是四月喧闹的城镇，桃花已经找寻不到了，偶然间来到山寺，却发现这里的桃花依然盛开着。然而，这首古诗的后两句也非常值得回味："长恨春归无觅处，不知转入此中来。"春天在一年四季当中是短暂的，春花灿烂花期短暂，正在感叹春光不在时，却在山寺中再次看到了盛开的春花，有种枯木逢春的欣喜与满足。人们对美的追求也许就体现在这里。

现如今，北京的园林绿化为人们留住了更多、更长时间的美丽时光，无论是城市行道树、绿化隔离带，还是公园、广场、街巷，总是让人发现

---

[1] 红螺文化的相关内容参见红螺寺景区官网：http://www.hongluosi.com/。

 袅袅炊烟在浅山：京郊村落记忆 ｜怀柔卷

寺院红墙

09 访古刹名寺

玉兰花开

袅袅炊烟在浅山：京郊村落记忆 | 怀柔卷

花团锦簇的意外之喜，而北京的古寺也因古树名木成为游人打卡之地。一些山寺、公园也会利用植物造景，把更多的美景展示在大众面前，红螺寺的花墙就很有代表性。大雄宝殿两侧，高约5米的挡土墙，砌成台阶做成花台，根据季节花卉形成不同特色的花墙，既美观又实用，实用在于这就是最好的留影墙，如果能用花卉组成"红螺寺"的字样就更好了。在红螺寺的游人中看到很多年轻人，有的是春游踏青来的，有的却是穿着汉服，来此拍照，做成属于她们自己的穿越故事，愿她们成为中华优秀传统文化的传播者，愿红螺寺成为京北浅山的文化旅游胜地。

红螺寺花墙

09 访古刹名寺

红螺穿越

袅袅炊烟在浅山：京郊村落记忆 ｜怀柔卷

圣泉山观音寺

  圣泉山观音寺[1]位于圣泉山后峰弥勒顶东侧谷内，为规整的两进四合院。前为山门，规模虽小，但三门并立，抵近南山。中门内有一丈甬路，走过甬路，便来到一殿。此殿俗称韦驮殿，正供弥勒佛。出韦驮殿后门，是正院，北面三间两进正殿为大雄宝殿，正供佛祖释迦牟尼，配供文殊、普贤二位菩萨。正院东、西各三间配殿，西厢正供南海观音，东厢正供如意轮观音。院落不大，建筑雕梁画栋，精雅紧凑。正殿门前左右有石碑各一，左为明代成化年公德碑，右为清嘉庆年功德碑。右碑前一古井即韦驮神背井。井口漫砌古板，磨砺光滑，井边木质辘轳，俱为古物。

  据观音寺碑文记载，该寺始建于唐代，明成化年间（1465—1487年）重修，已有1700多年历史。除大雄宝殿、大悲殿、圆通殿等人文景观外，寺庙周边的自然景观十分丰富，有神龟石、三星洞、香炉石、灵照松等。据民间传说，唐代著名女将樊梨花镇守幽州北境，一次与北国交兵，被困九龙山（即如今的圣泉山）下，敌强我弱，命悬一线。情急之中，樊梨花合掌急呼："观世音菩萨显灵！观世音菩萨救我！"观世音菩萨闻听呼救，立即点化九龙山的九条伏地青龙，请它们施救，成就殊胜因缘。九条青龙欣然领命，立即兴风布雨，在军阵上空下起倾盆大雨。交战双方被大雨浇得睁不开眼抬不起臂，自顾不暇。乱军中，樊梨花率亲兵蒙头急奔，

---

  [1] 参见北京圣泉山旅游景区官网圣泉山观音寺介绍：http://bjsqshyk.com/content/Content/index/id/520。

突围而去。事后，樊梨花感念观世音菩萨救命之恩，遂在九龙山云兴之处，为观世音菩萨建寺塑像，以永久供奉。

年深日久，风雨侵蚀，唐代建筑已不见踪迹，但观音寺内正殿前西侧及韦驮殿东南角，尚可见到两株古槐残存的根桩，其直径达1.5米以上。唐以后辽、金、元时期，圣泉山一带社会动乱，人口迁徙不定，圣泉山观音寺的故事多被历史湮没。

随着圣泉山旅游景区的开发，圣泉山观音寺因距离怀柔城区仅6千米，地处红螺寺、慕田峪长城景区之间，东距红螺寺3千米，西距慕田峪长城10千米，客源市场共享机会多，紧邻怀沙旅游公路，交通便利，桥梓镇口头村与景区之间相互带动，可解决吃住问题。

从观音寺景区自身条件讲，背靠燕山，宏阔壮美，前拥怀沙河，风光秀丽。景区占地15平方千米，区内九龙山，前峰弥勒顶海拔388米，山势巍峨，植被茂密。山麓至"禅林春晓"段，海拔落差288米，旅游步道平均坡度25度，适宜健身。前峰以北，高岭百转，群峰林立，峰岭之间沟谷棋布。后峰观音顶海拔393米，山形端庄饱满，意出云表。观音顶前，天成一道迂回峡谷。峡谷中段地势稍见平阔处，松柏掩映间，有始创于唐代的圣泉山观音古寺。"禅林春晓"至观音寺段，平均海拔320米。沿途峰岭沟谷间松柏成林，灌木葱绿。绝尘世喧嚣，有百鸟啼鸣。空气清新，适宜漫步观景；凉风习习，适宜休闲避暑。

10 浅山寻非遗

自古山寺与庙会就有断不开的联系,如果追溯这种联系的形成,也许是始于唐代城池的营造规制。中国古代营造城池多遵循《周礼·考工记》,有严格的规制要求,唐长安城的里坊制是集中体现。那时的坊门只有官署和寺庙可以开在大街一侧,其他居住和交易为主要功能的里坊大门只能开在坊间。所以,寺庙山门前就成了人流会聚的地方。当然,还有一个重要原因是古代有名望的山寺多修建在山上,善男信女前往寺庙祭拜时,需要走不短的路程,消耗不少时间,到山寺后都会停留休息,一来二去,形成人流的会聚。如果赶上特殊的日子,人会更多。久而久之,就形成在特定时日,山寺人流汇集停留的现象。有人就有商机,伴随着小吃食、香火等用品买卖,一些民间花会活动也在山寺前聚合,山寺周边的一些村民以此为生,世代相传,有的就成为村庄的传统,有的流传至今成了非物质文化遗产。

说到非物质文化遗产,我们在中国非物质文化遗产官方网站[1]上搜索北京市,在其120项的国家级非物质文化遗产代表性项目名录中怀柔区有2项,分别是2008年(第二批)由北京怀柔云蒙山书画院作为保护单位的元宵节(敛巧饭习俗),2021年(第五批)由北京红螺食品有限公司作为保护单位的果脯蜜饯制作技艺(北京果脯传统制作技艺)。在北京市级非物质文化遗产名录中,属于怀柔区的有民间舞蹈类的沙峪村竹马,杂技与竞技类的帽山满族二魁摔跤,手工技艺类的雕漆技艺,游艺、传统体育与竞技类的蹴球(踢石球),传统医药类的小罗山祖传任氏正骨,民俗类的长哨营满族食俗、杨树底下村敛巧饭习俗、年丰庄善缘老会,传统技艺类的

---

[1] 中国非物质文化遗产网·中国非物质文化遗产数字博物馆:http://www.ihchina.cn/。

北京果脯传统制作技艺、北京沙燕吉祥鸟传统制作工艺。这些市级以上的非物质文化遗产及传人都是怀柔区、北京市和国家的文化宝藏。

此外，怀柔区流传的包括历史传说、地方传说、人物传说、风俗传说等在内的民间传说较为丰富，尤以地方和人物传说居多，与我们浅山有关的有"红螺寺名称的由来""莲花池的传说"等。对于村民来讲，最具有观赏性、参与性的习俗活动还是花会舞蹈。

民间花会及舞蹈的档类和形式很多，在清朝初期民间就有花会活动。花会活动一般是在每年正月十五灯节和庙会期间举办。旧时多用于拜庙酬神。中华人民共和国成立后，成为乡村人民群众喜闻乐见的一种娱乐活动，按照时节主要安排在元旦、春节、集日和村里举行重大庆祝及慰问活动期间。

怀柔区在历史上有近百档花会[1]，20多种表演形式。中华人民共和国成立前主要有高跷、竹马、小车、旱船、少林、吵子、跑驴、狮子舞、一枝梅、十不闲、五虎棍、王二小赶船、大班小班、二鞑子摔跤、大头和尚逗柳翠等。中华人民共和国成立后又增加了霸王鞭、秧歌舞、腰鼓舞、交谊舞等。从花会活动的分布来看，全区有12个乡镇、30多个行政村有过花会活动，其中名气较大的有张各庄村的狮子舞，沙峪村和后城街的跑竹马，南年丰村的小车会、一枝梅，口头村和高家两河的高跷，碾子村的大头和尚逗柳翠，黄坎村的五虎棍等。中华人民共和国成立前夕，打霸王鞭、扭秧歌是农村青少年学生普遍性的娱乐活动。而怀柔区的传统民歌有民间小调、山歌、花会歌曲等，流传很广，其中在沙峪、三渡河、黄花城、碾

---

[1] 参见《怀柔县志》编纂委员会编著：《怀柔县志》，北京：北京出版社，1999年。

子、喇叭沟门、北宅、茶坞、庙城等乡镇流传最多。

沙峪村竹马

  沙峪村竹马是北京怀柔区最早被列入市级非物质文化遗产名录的非遗项目，属于民间舞蹈类。竹马，又称"竹马舞""跑竹马"，是一项历史悠久的传统民间舞蹈形式，最早可能起源于古代的兵马列阵。竹马通常是用竹篾彩布制成，马鞍部位留有空当，演员站到里面，把假马系在腰间来进行表演，看上去就像人骑在马上。沙峪村竹马是以假马套在人身上进行表演的一种传统舞蹈形式，主要用于广场表演。沙峪村竹马所属的民间花会起源于清乾隆年间，至今200多年，会名三元圣会，三元指的是道教的三官大帝，又叫三元赦罪天尊，天、地、水三位神恩，当时因村中有三元庵一座，当地人称天地庙。三元圣会有五档，打头阵的是高跷会，其次是吵子会、竹马会、十不闲、小车会。每年正月的初二、初三，正月十四、十五、十六几天都要与其他花会节目一道上街表演、走会，为村庄增加节日气氛，同时也表达一年的期望。

  相传，北宋年间，宋、辽战争不断，辽军在长城以北驻扎。战争间隙，辽主萧太后常带领韩昌、萧天佐、萧天佑等人外出围猎取乐，后人据此传说演编了该舞。由于运动量大，女性角色至今都由男性扮演。男头马为韩昌，后跟萧天佐、萧天佑及男兵；女头马为萧太后，后跟女兵。演员均画各式脸谱、着戏装，模仿骑马动作，左手拉缰绳，右手持马鞭前后晃动做赶马状,动作较简单但速度快、步幅大。表演时,有"四方斗""编篱笆""双马"等9种队形,演员随锣鼓点在头马带领下跑出各种队形,表现狩猎者催马奔腾之势。在队形变化间隙演员边走边唱,歌词与舞蹈内容及人物并无联系,为的是调节气氛,表现围猎后的愉悦心情。

敛巧饭

"敛巧饭"是北京怀柔区琉璃庙镇杨树底下村流传下来的古老风俗,即在每年正月十六,全村及周边村民共同参加的一个庆祝活动。这一习俗来源于雀儿叼啄谷种救活杨树底下村霍、靳两姓人的传说。每到正月十六前夕,村中少女到各家敛收粮食、蔬菜。待正月十六这天,由成人妇女将其做熟,全村人共食之。期间,锅内放入针线、铜钱等物。食之者,便争取祈到巧艺及财运。另外,"巧"字,是当地人对麻雀、山雀等鸟儿的昵称。在人们吃敛巧饭之前,要扬饭喂"巧",即扬饭喂"雀儿"。在人们扬饭喂雀儿(巧)时,口念吉祥之词,一是向雀儿谢恩,二是祈求来年丰收。饭后,人们还要在冰上行走,曰走百冰(病),即去掉百病。每到此时,还有戏班及花会助兴演出。为了开拓创新,将"敛巧饭"习俗更好地传承下去,琉璃庙镇政府从2006年开始每年举办"敛巧饭"民俗风情节。2008年6月,敛巧饭民俗活动成功入选国家级非物质文化遗产代表性项目名录。

三

红螺食品

在怀柔区的两个国家级非物质文化遗产代表性项目中，还有一个是由北京红螺食品有限公司作为保护单位的果脯蜜饯制作技艺（北京果脯传统制作技艺）。说到红螺食品，自然而然就想到了怀柔的甘栗仁，还有那些酸酸甜甜的果脯。对于现在的年轻人而言，也许路边炒怀柔板栗的香味比前门大街的红螺果脯更有吸引力。但对于20世纪出生和成长起来的我来讲，北京果脯就是小时候一种甜蜜而奢侈的味道，是每次父亲回奶奶家带回来的美食，直到现在，酸甜的杏脯依然是我最爱吃的零食。每次到超市，看到有红螺食品专柜，总是忍不住要买一点儿带回家，就像父亲带回家的那些美好与甜蜜记忆。

果脯应该是怀柔区连接北京城的一个代表。如何从北京城的果脯商铺转移到位于怀柔的北京果脯厂？这还要从板栗在怀柔种植的历史说起。根据王宝骏先生《怀柔文史钩沉》记载，早在明代，因皇陵祭典所需，在怀柔就建立了5座榛厂，专门负责为明代皇陵一年三大祭的典礼提供用于祭典供品的板栗、核桃之类的山特产，于是，在怀柔的渤海所、富乐里、康家里等管辖的多个村庄专门种植上供的板栗、核桃等山特产。明亡清起，祭典就不复存在了，但怀柔的山特产却依然很有市场，清朝皇室对怀柔的山特产也是喜爱有加，平日上供至负责皇家膳食用品收购配置的光禄寺。于是怀柔的山特产由过去的祭典用品，逐渐转变为皇家食用品。此外，因怀柔的自然地理条件适合桃子、李子、杏、枣的生长，上百年来，怀柔的干鲜果品这一招牌就如古刹红螺寺般屹立不倒，怀柔也因此一直是北京城的果品供应地。直至20世纪50年代末，位于北京前门大街的一些果品老字号店铺，通过合营改制变更后，先是1958年在怀柔建立果脯加工分厂，到1959年正式在现在的怀柔区庙城镇郑重庄村建立北京果脯厂，北京果脯的生产制作重心渐渐转移至怀柔，同时，北京果脯传统制作技艺也在怀柔区被传承了下来，并因红螺古刹在北京城的声望而取名红螺食品。

始于1909年的北京果脯，曾在1915年获得"巴拿马国际博览会金奖"。20世纪八九十年代，红螺食品多次受到农业部、商业部等部门的好评，被多部门评为精神文明单位。2012年，在巴西召开的第十六届世界食品科技大会上，红螺茯苓夹饼获得"全球食品工业大奖"。2013年，红螺食品被评为中国焙烤食品糖制品行业（蜜饯）十强企业。2014年，红螺食品申报的"北京果脯传统制作技艺"被列入北京市级非物质文化遗产代表性项目名录。2015年，红螺食品被中国商业联合会中华老字号工作委员会授予"京城果脯第一家"荣誉称号。2016年，中国商业联合会中华老字号工作委员会评选红螺食品为百年功勋企业。2021年，红螺食品申报的果脯蜜饯制作技艺（北京果脯传统制作技艺）被列入国家级非物质文化遗产代表性项目名录。

北京果脯经过上百年的演变，不断推陈出新，口味不断变化，适应着人们对食品口味和食品健康的追求，红螺食品也在不断创新。特别是如何满足人们对食品中糖分的要求，对传统果脯工艺是一个极大挑战。其中，手工熬制的传统工艺是保持北京果脯口味和特色的关键。因此，现在我们吃到的那些低糖或者无糖的果脯，是几代北京果脯人攻克重重技术难关、在传承基础上的创新。

红螺食品，就像北京的其他老字号小吃一样，是世代传承人精心研制、心口相传的智慧结晶，这里承载着传承人对美好生活的向往，是中华

优秀传统文化的重要组成部分,它需要我们所有人共同去保护。现如今,保护老字号已经列入北京城市总体规划的历史文化名城保护体系,国家对非物质文化遗产保护项目加大保护力度。与此同时,2019年11月,在红螺食品成立110周年之际,北京果脯博物馆正式对外开放,作为首家以讲述果脯文化为特色的博物馆,融历史文化、科普展示、制作体验于一体,让越来越多的人了解怀柔红螺食品,了解北京果脯文化,树立保护与宣传非物质文化遗产的自觉意识。

11 沙峪村的红色印记

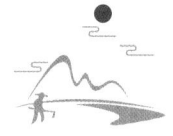

渤海镇的沙峪村曾名杏花村,当然这不是"牧童遥指杏花村"的那个杏花村了,但既然历史上有这样的村名,说明那里曾经有这样一种田园美景。

沙峪村坐落于怀柔区的西北部,位于慕田峪长城西七八里处,怀沙河自西向东穿过,有800多户、3000多口人,是渤海镇第二大村。关于村名的来历,有这样一个传说。朱棣迁都北京后,就迫不及待地挑选风水宝地,建造陵园。朱棣派他的亲信大臣胡冒担任此项任务。胡冒一行来到怀柔县城西北慕田峪一带,见宏伟的慕田峪长城在群山中蜿蜒盘旋,宛如巨龙腾空。而在长城脚下又有一座凤凰山,凤头靠着村子,与村前两座名曰大、小糠坨的山相对。凤凰的两翼向两侧舒展着,慕田峪村西的渤海所村,正在凤凰的怀抱之中。见到这样的地势,胡冒心中大喜。于是,他马上派人禀告皇帝。但该村可能要被"抹平"。为了避免被迫搬离,村里有位年过七旬的赵老头就向上禀报说:"渤海所村以东六里处叫沙峪,沙峪村南有一条沟叫熊窝,沙峪村北有一山岭叫豹子岭,东边还有个村叫桃峪。这些地名于圣上都不吉利。"后来,朱棣的陵址改在了现今的昌平十三陵。从此,沙峪村这个村名便叫开了。

从村庄的历史沿革中发现,沙峪村在20世纪曾作为乡政府的驻地。在抗日战争和解放战争时期,沙峪村留下了值得书写的红色文化印记。

翻看《怀柔县志》[1],在大事记中发现这样一些记载:1938年6月11日,八路军第4纵队由平西挺进冀东途经怀柔县时,在沙峪村东歼灭日军一个中队120多人。1947年8月,冀热察边区供销总社在沙峪村建立;11月中

---

[1] 参见《怀柔县志》编纂委员会编著:《怀柔县志》,北京:北京出版社,1999年。

旬，中共平北地委在沙峪村召开土地会议，贯彻《土地法大纲》，传达中共中央和区党委土地会议精神，布置土改工作和"三查""三整"活动。由此可以判断沙峪村在平北地区的重要作用。其中，最值得被铭记的是1938年6月的那场战斗。

我们来到沙峪村东，在一片苍松翠柏之中，穿过一条肃穆的甬道，沿着高高的台阶来到一个开阔的平台上，映入眼帘的是高耸的汉白玉石牌坊，上面用鎏金镌刻着"浩气长存"4个大字，这是中共怀柔县委员会、怀柔县人民政府在1987年8月1日，为纪念打响平北抗日第一枪的沙峪战役，同时缅怀在该次战役中英勇献身的英烈而修立的"沙峪抗日纪念碑"。据悉，该纪念碑用大理石建成，碑座为边长6米的正方形，高15米。纪念碑正面写着"民族英雄永垂不朽"8个鎏金大字，在其背面记述了沙峪战斗中八路军第4纵队与日寇精锐部队殊死战斗的事迹。

碑文写道："1938年4月，为支援冀东人民抗日武装大暴动，开辟根据地，我八路军四纵队奉朱德总司令、彭德怀副总司令员的命令，由平西根据地向冀东挺进。6月11日，途经沙峪时和日寇赴四海增援的华北驻屯军坂垣精锐部队遭遇，我军以劣势装备与日寇展开了殊死拼搏，经过4个多小时激战，歼敌120余人，我军亦伤亡209人（多系老红军战士），团总支书记郑良武同志等70余人英勇捐躯，纵队参谋长李钟奇同志负重伤。

"此次战斗，打响了平北抗日的第一枪。打击了日寇的嚣张气焰，大振了我军的军威，鼓舞了军民抗日的斗志，促进了冀东人民抗日武装大暴动的迅速发展，为抗日战争的胜利谱写了一首壮丽的诗篇。

"为消灭日本法西斯侵略者英勇献身的革命先烈永垂不朽！"

泉泉炊烟在浅山：京郊村落记忆 ｜怀柔卷

"浩气长存"石牌坊

11 沙峪村的红色印记

平北第一枪

根据怀柔区政协文史学习委员会的文献记载[1]：

1937年7月7日，卢沟桥事变，抗日战争全面爆发。半年后，侵华日军便占领了整个平北地区。1938年，为了挺进敌后，开辟新的战场，遵照毛

---

[1] 参见宋庚龙：《平北抗日第一枪——沙峪抗日烈士纪念碑》，《北京观察》，2021年第7期。

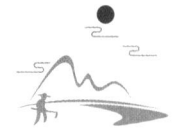

泽东同志和党中央指示,晋察冀军区从红军骨干的第一军分区抽调部分军政干部,组成邓华支队,到平西一带开辟根据地,同时做好挺进冀东的准备。5月初,由八路军120师一部和雁北支队一部合编而成的宋时轮支队到达了门头沟平西斋堂,与先前到达的邓华支队会师,组建了八路军第4纵队。宋时轮任司令员,邓华任政委,李钟奇任参谋长,伍晋南任政治部主任,郑良武任总支书记。

6月8日,为了策应冀东7县20万人的抗日大暴动,八路军第4纵队的战士奉朱德总司令、彭德怀副总司令的命令从平西斋堂出发,分两路向东挺进。宋时轮支队先行攻克了昌平,过十三陵,打下黄花城据点,随后向怀柔沙峪方向挺进。邓华支队过平绥路,从青龙桥过八达岭,攻克了永宁,连夜急行军攻打四海镇,并于10日晚继续东进。这天夜里,宋时轮、邓华两支队伍,在怀柔渤海镇的铁矿峪、洞台、兴隆城、南冶、沙峪一带会合。

6月11日清晨,邓华支队进驻沙峪村后,在老百姓的帮助下,率先拿下伪警察所,捉到3个伪警员,经过一番审讯,得知日本关东军驻密云一个中队正途经怀柔县城,朝沙峪方向行进,企图支援四海镇守敌。很显然这是一场不期而遇的敌我遭遇战,经请示上级后,决定要坚决彻底消灭这股日军,打消敌人的嚣张气焰,鼓舞平北军民的抗日斗志,支援冀东大暴动,增强平北人民的抗战信心和勇气。这时,战士们顾不上吃早饭,更忘掉了几天行军的疲劳。随后,31大队埋伏在河套南边,2营埋伏在河套北山。上午11时,部队刚刚埋伏好,就见扛着太阳旗的一队日本兵稀稀拉拉地走过来,一个、两个、三个,足足有100多人。20分钟后,这一队日军完全进入我军的伏击圈。

"打!"参谋长李钟奇一吼,手中的驳壳枪撂倒了一个,刹那间,沙峪村的山谷里,枪声、炮声、手榴弹的爆炸声和战士们的喊杀声交织在一起，震撼着这宁静的小山村，听到枪炮声，沙峪、南冶及附近的百姓也跑来参加战斗。

日军遭到袭击后，立即组织反扑，可八路军第4纵队的战士们却越战越勇，子弹打光了，战士们就挥起大刀与敌人肉搏。雨淅淅沥沥地下起来了，我军伤亡人员逐渐增多，总支书记郑良武也英勇地牺牲了。这时，敌人趁着雨势摸了上来，战士胡志坚、董国强、张振元等，端着雪亮的刺刀跨出掩体，冲入敌阵。一场惊心动魄的肉搏战开始了。在关键时刻，邻近几个村和县大队的民兵也纷纷赶来参战，经过4个多小时的激战，一举歼灭日军120多人，缴获步枪80多支，轻机枪3挺，掷弹筒3个。当时并不知道遭遇的是日寇的哪支军队，战斗结束后才获知，第4纵队遇到的是日军坂垣师

英雄群像

袅袅炊烟在浅山：京郊村落记忆 | 怀柔卷

团教导队的一个中队，这个中队战斗力非常强，入侵中国后，还没打过败仗，没想到，在怀柔沙峪的荒河滩上送了命。

这场伏击战，由于我军装备落后，第4纵队伤亡了200多名指战员，其中有不少是参加过长征的老红军，他们把一腔热血洒在了沙峪的土地上。

这场伏击战，打响了平北人民抗日的第一枪，燃起了平北人民抗日的烽火，打出了怀柔人民的英雄气概。在战斗最激烈的时刻，沙峪、景峪、南冶村的群众自发组织起来，支援八路军痛击日本侵略者，有的为战士带路、烧水、送饭，有的主动拆下自家门板，拿上绳子，冒着枪林弹雨，从战场上抢救伤员，军民鱼水情的场景如今以浮雕的形式刻在汉白玉墙上。

"军民鱼水情"汉白玉墙

在中国共产党成立百年之际，我们怀着崇敬的心情再次来到这里，缅怀革命先烈，他们为了中国人民的幸福，抛头颅、洒热血，献出了自己年轻的生命，长眠在怀柔浅山区的这片土地上。作为怀柔重要的一个爱国主义红色教育基地，每年都有青年学子来到这座纪念碑前祭拜瞻仰，学习革命先烈不怕牺牲、不畏艰难的光荣传统，传承红色基因。

12 长城脚下的北沟村

最初，我们是通过"瓦厂"民宿了解到北沟村的。2018年夏季，我在网上看到怀柔有一个由外国人设计经营的民宿，就想去看看。在联系的过程中，正赶上清华大学有一个暑期夏令营研习班，于是我们根据研习班的时间安排，在一个夏日来到了位于渤海镇长城脚下的北沟村。

北沟村位于渤海镇人民政府的东北方向，距镇政府所在地7千米，距怀柔城区18千米，长约3千米的慕田峪长城就处于村域范围内。该村村域总面积约3.22平方千米，共有138户、356口人。2010年度入选"北京最美的乡村"，2019年7月入选第一批全国乡村旅游重点村，2019年12月入选第二批国家森林乡村。村庄西侧与田仙峪山水相连，东与慕田峪隔山相望，仅从地理位置来讲，北沟村就天然占据着得天独厚的历史文化资源。

北沟村石质指路牌

绿树掩映下的村庄

驱车前往北沟村的路上，经过一片浓郁茂盛的树林后，一户户人家便出现在我们的眼前，忽然车上有人感叹道："你们看，这村里的人家门口都有种鲜花，还挺漂亮的。"于是我便抬头往车窗外看去，果然看到很多红的、黄的、紫的月季和说不上名字的花卉，还有干净的街道，给第一次来到村庄的我们留下了非常好的印象。

望着那些花卉，我不禁联想到季羡林老先生的文章《自己的花是让别人看的》。先生在文中是这样写的："四五十年前我在德国留学的时候，曾多次对德国人爱花之真切感到吃惊。家家户户都在养花。他们的花不像在中国那样，养在屋里，他们是把花都栽种在临街窗户的外面。花朵都朝外开。"第一次读到这篇文章时，我正在上小学，小孩子总是喜欢天马行空的幻想，于是，一个有着白墙红瓦、沐浴在阳光下的花城便这样浮现在

泉泉炊烟在浅山：京郊村落记忆 ｜怀柔卷

石与花

12 长城脚下的北沟村

荷花塘

我的脑海中，久久不能忘记。

如今回想起这篇课文，刹那间，小小的课桌，斑驳的树影，黑板上的粉笔字与齐声朗诵课文声便一个接一个，掠过我的脑海，随着这些童年记忆一起浮现的，还有深藏在记忆里的那座阳光下的花城。

怀着一丝憧憬和一丝期待，我们很快就到达了目的地——北沟村的中心小广场。下车后，我左右观望，发现这中心广场虽小，但图书室、商铺、老年活动中心……城里社区该有的硬件设施这里都有。

远远地望去，村里的马路上既干净又平整，路边一簇接一簇的小花迎风摇摆，还没熟透的板栗毛茸茸、绿油油地藏在路边嫩绿的枝叶之下，好像一个个调皮的小孩儿，硬要跟你玩捉迷藏。玩捉迷藏也就罢了，他们还

 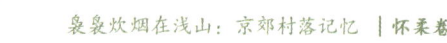

偏偏是那种淘气的小机灵鬼,不等你准备好便把自己伪装起来,只有细细观察才能揪住他们的小尾巴。

村中一隅

12 长城脚下的北沟村

村里听说我们要来学习观察,早早就派了一位村干部专门来给我们讲解村里的设施和建筑,在村干部的带领下,我们大致在村里转了一圈,便又忍不住对北沟村的环境卫生,还有村中红砖与绿植交织形成的小景观赞不绝口。

村里小景观

袅袅炊烟在浅山：京郊村落记忆 ｜怀柔卷

除了我们一开始看到的集图书室、电脑室、数字影院、活动室、医疗服务室、会议室于一体的村级活动中心之外，村里还有篮球场、乒乓球室。村里不仅关心居民的日常体育锻炼，还关心人们的传统文化学习，走在北沟村的街上，只要你一抬头，总能在路边的墙上看见与传统文化有关的图片和标语。村里还竖立了一座孔子的雕塑。村里的干部跟我们说，北沟村与怀柔区书法协会合作共建，在村内设立了一面书法文化墙，开展落实"传统文化进北沟"工程，通过修建传统文化道德广场，用文化元素进一步美化北沟村环境。

近几年通过学习传统文化，北沟村现在处处洋溢着"忠孝礼义"的传统氛围。2008年至今，全体村民集中学习了《弟子规》《三字经》《论

"弟子规"文化墙

孔子塑像

袅袅炊烟在浅山：京郊村落记忆 ｜怀柔卷

孝文化墙

语》等内容，涌现出一批孝敬父母、和谐邻里的典型人物，而由村道德评议会5位老同志评选出的"北沟村十星级文明户""十佳好公婆""十佳好儿媳"，更是成为全体村民学习的榜样，往年需要村委会解决的各种矛盾纠纷，现在也在村民的互相礼让中涣然冰释。

除了根植中华优秀传统文化，北沟村还将绿色发展的理念贯彻于村庄建设中。在村里的宣传语中，我竟然看到了"低碳时代"的宣传板，真心感叹北沟村人紧跟时代的观念和意识。功夫不负有心人，通过北沟村所有居民的共同努力，村子近几年荣获各种各样的奖项，例如2010年荣获"北

低碳时代

京最美的乡村"荣誉称号，2019年7月28日北沟村入选第一批全国乡村旅游重点村名单，而在2019年12月31日北沟村更是入选了第二批国家森林乡村名单，这些奖项得之不易。

两位老人的故事

问起村里的人口结构，得到的答案是，这是一个老年居民聚集的村庄。村里为了照顾这些老年人，修建了老年活动栈，办起了老年食堂，

为老年人提供一些方便。根据1956年联合国《人口老龄化及其社会经济后果》确定的划分标准,当一个国家或地区65岁及以上老年人口数量占总人口比例超过7%时,则意味着这个国家或地区进入老龄化。1982年维也纳老龄问题世界大会则确定了60岁及以上老年人口占总人口比例超过10%,就意味着这个国家或地区进入严重老龄化。我们国家在1999年就进入了老龄社会,2010年第六次人口普查老年人口就已经占总人口的13.26%。近年来,中国人口老龄化问题不断加剧。

俗话说:山里的天气就像孩子的脸,说变就变。在参观瓦厂前,突然下起了雨。我们就请村干部帮忙联系,去拜访了两位北沟村的老居民——刘奶奶和王大爷。

我们往村东走,来到一个典型的北方民居,门外有一个影壁墙,鲜艳

北沟村老年活动栈

的色彩和大大的"迎客松"让人眼前一亮,门前的花圃正在维修,走进院内是标准的3间大瓦房,我们在正房见到了83岁的刘奶奶。

　　刘奶奶的家庭是北沟村里典型的老年家庭,家里没有年轻人,只有老人。刘奶奶独自一人生活在家,儿子、儿媳和孙子都在外面工作,家也安在了城里,老人说孩子们一直想把她接去同住,她也曾经去过城里,但很不习惯,用刘奶奶的话说就是浑身不舒服,特别想念自家的小院和院后的菜地。现在自己一个人在村里住着,有村干部和一些年轻志愿者时常照顾着,孩子们只要有时间也会回来看看,她觉得这样的生活就很好,心情愉快,身体倍儿棒。我们到的时候,刘奶奶刚捧了一只小雏鸟回家,老人家捧着雏鸟,小步慢跑地把它带回了屋里,整个人看起来精神抖擞,身体硬朗,一点儿也不显老态。踏进院门,就闻到了一股蒸面食的香气,或者

低地势民居一角

说，是一种认真生活的烟火气。看到大家都盯着她手中的小鸟，老人说看见鸟落在路旁的矮墙上，好像受伤了，就过去捉了来，准备喂养一段时间看看。看着老人神采奕奕地说着笑着，再看她面色红润，头发乌黑，不仅能自己捉鸟，耳朵还好使，完全不像一个80多岁高龄的老人，我瞧着她这个精气神儿，倒是比现在很多颓废的年轻人都要好。这到底是一位怎样的老人呢？我忽然对眼前的老人家产生了好奇。环顾四周，只见和我同行的其他人也对老人露出了敬佩的表情，带着一丝好奇，我们围坐在刘奶奶身旁，准备向老前辈学习生活之法，讨教一些"驻颜秘方"。

刘奶奶不是生来就在北沟村的，她出生在桥梓镇，后来嫁到了北沟村。刘奶奶年轻的时候和她老伴相识于怀柔果脯厂，也就是现在的北京果脯厂。1961年国家号召广大青年支持农业发展，刘奶奶就踊跃报名，来到了果脯厂工作，在这里认识了自己生命中的另一半。虽然后来从果脯厂回到了北沟村，但自己对加工干果的热情一直都在，平时如果有时间就加工些柿子、栗子和苹果，留着给孩子们吃。

据刘奶奶说，她刚从娘家嫁到北沟村的时候，村里只有130多户，人数不算太少，但也不算太多，那个时候整个怀柔县里的果树都很少，更别说现在代表怀柔的栗子树了。那时候的居民由村里的大队统一领导，山区地势起伏大，可供居民耕种的地很少，村里没有现成的水可打，如果想要用水的话，就得从村子外面大老远地运回来，运不来就没有水。那时候的北沟村，果树少，土地也少，虽有生产大队统一领导，但全村基本都靠一开始种的这点栗子过活，还有村南边的那一小片土地，全村人想来想去最后也只种了麦子。130多户人靠着分到的这么一点地，靠着从外面运来的那么一点水，靠着有限的麦地和山林，艰苦却快乐地度过了那段艰辛的日子。

12 长城脚下的北沟村

刘奶奶自从嫁到北沟村，便一直生活在这个院子里。

"那时候要进我们村，还没有现在那个大道哪。"刘奶奶回忆起她年轻时的北沟村，"那时候要从西坡根那边走。"

老人家口中的西坡根在哪儿？我这个路痴真的全然想不明白了，但那时这么一个位于长城脚下的小村子，怎么想，路面都不会平整好走。

"不过还好当时的领导没有放弃我们。"刘奶奶说，"后来国家统一规划，退耕还林，让我们种果树，再过了几年全村一起专门种板栗。"

专门种板栗……我想了想，笑着道："这是要打造一个统一品牌啊。"

"可不是嘛，我们怀柔的栗子，就是比外面那些好，我们的栗子又大又圆，外面那些栗子皮儿都是黑的，不好吃。"

一说起怀柔的栗子，刘奶奶满脸骄傲，仔细想想，可不是，大兴的西瓜，平谷的桃，要是说到怀柔，大家伙儿第一时间想到的肯定都是"怀柔板栗"。后来时代变了，政策变了，技术发展了，经济提升了，村里的人们也逐渐过上了更好的日子。

几年前，一个外国人来到了北沟村，买下了村里的琉璃瓦厂，打算开始建民宿，我们问刘奶奶，他的到来对村里居民的影响大吗？村里的居民能接受吗？刘奶奶说，一开始肯定是有点儿不适应，但凡事总要有个过程，时间长了，发现他也与北沟村里的百姓没什么区别，便也逐渐接受了他，而且因为新民宿的建成，为村里的居民，尤其是妇女提供了一些新的就业机会，这样她们就可以留在村里，一面工作一面照顾家庭，也能多少缓解老龄化带来的村庄空心化。

村里建了个国际化的民宿，在把北沟村的名声传播出去的同时，也给北沟村带来了很多新的生机。来村里的人多了，世界各地的人都有。北沟

袅袅炊烟在浅山：京郊村落记忆 | 怀柔卷

村的居民为了体现良好的北京形象、中国形象，开始在村领导的带领下，自发地管理起了村里的卫生，人们自觉地将垃圾扔到了统一的垃圾桶里，门前摆起了各式各样的花，村里的墙上贴起了传播中华传统文化的字画，就连猫猫狗狗往返于街头巷尾的脚步都比以前规矩、安静了一点点。村里街道上的卫生更是人们关注的重中之重，据说能做到前脚有人刚扔了个烟头，后脚就被打扫卫生的人扫了去。

而刘奶奶家呢？刘奶奶说，她们家里现在已经换上了地暖，冬天冷了就开，比原来烧炕好很多，生小病了村里有医生，15里地外还有个卫生院。当然，除了卫生工作村里做到了位，实质性的福利政策村里也执行得很到位，就比如村里70岁以上的老年人免费用餐制度，就颇受大家欢迎。刘奶奶告诉我们，村里给70岁以上的老人设立了一个免费食堂，每天都管两顿饭，这两顿饭里什么都有，天天变着花样吃。老年人牙口不好，于是帮忙做饭的大厨总会做一些适合老年人吃的菜肴。干的有熬豆角、熬茄子、熬山药，要是想喝稀的了也有各式各样的粥，当然肉也是必须有的，每天不是鸡腿就是炖肉，反正肯定会有肉。各种菜肴混合起来，四菜一肉，搭配均匀。每天上午9点提供一餐，下午4点提供一餐，已经连续几年了。

"大家都想去吃，听说有的人头天过了70岁生日，第二天就跑去村部里吃饭了。"

说起自己的孩子们，刘奶奶摆摆手说："他们过年总让我去他们家过年，年三十晚上我跟他们说，过完年就把我送回来，不在那边待，他们那边有门禁，开不开，还得在外面待着，这边我怎么着都行。"

我们一听，全都笑了，这刘奶奶活得还挺自在明白。

"这人哪，第一是得多活动，第二是得心宽。"刘奶奶说，"我生活有规律，闲不住，喜欢动动腿、伸伸胳膊，总是活动着，人老了，今天脱了鞋,明儿早穿不穿得上都是个事儿,所以说心要宽,甭总是跟谁斤斤计较,心里宽点比啥都强,人要是有个好身体呀,谁都不用伺候你,你自己吃得高兴,活得也好,你说你要是躺那儿动不了,哎呀,儿子来了说妈你吃这个吧,女儿来了说妈你吃那个吧,结果你吃不进去了,那管啥啊?我心宽,一点小事也不往心里去,人心里要宽,火车都能过得去,别心眼小到蚂蚁都过不去。人活在世上就要快快乐乐地活着,为一点小事钻牛角尖,不是个办法,就像我无聊时在门口种种花,起码看着提气色,这生活啊总要过下去,也总要节节高啊。"

听了刘奶奶这一席话,我们一行人都安静了下来。也许与之意思相当的词句早被当作心灵鸡汤或人生哲理听过很多遍了,就像那句"宰相肚里能撑船",大家都知道,但真正能在遇到事的时候做到这一点,是很难的。每个人也许都有自己心里过不去的坎儿,都有不能和自己和解的症结,如果每个人遇到这些难题时都能换个角度,与人为善,和自己和解,也许就是"退一步,海阔天空"的美好。只有活得通透的人才能想得明白,才能找到自己的生活爱好,陶冶自己,快乐自己,幸福自己。在和刘奶奶交谈的过程中,有一句话一直让我印象深刻,她说:"人呀,千万不要盼望着别人来伺候你,当一个人过惯了被别人伺候的日子,也就离不能自理不远了。"我想,也许这就是刘奶奶至今精神抖擞、身体硬朗的原因吧。

挥别刘奶奶后,我们跟着村里的干部向另一户人家走去。另一户人家姓王,家里有位王大爷,王大爷家与刘奶奶家在两个不同的方向。与刘奶奶家相比,王大爷家的地势要高些。建在地势和缓位置上的村舍,房子密度较高,有的房屋之间小巷较窄,虽然数量较多,但排列整齐,一点儿也不杂乱,颇有点儿"阡陌交通,鸡犬相闻"的感觉;而位于地势高处的村

舍则分布稀松了许多,房屋之间错落有致,谁也不挤谁。我们去的时候,因为遇到山里下雨,雨势虽然不大,但雨水顺着高低起伏的地势往下流,还是给我们的出行造成了一点小小的困难。不过,如果用一双善于发现新鲜事物的眼睛去观察四周的话,你就会发现一些雾气伴随着雨水悄悄地升腾了起来,缥缈的雾气,隐于绿植间的房屋,这些元素结合起来,远远地瞧着倒是有那么点山间仙境的感觉。王大爷的家就位于这"仙境"的顶端。

王大爷虚岁84岁,是北沟村土生土长的居民,从小在长城根下长大,从牙牙学语记事起到现在儿孙满堂,两鬓斑白,一直都在北沟村里,为北沟村做着贡献。据王大爷说,北沟村之所以叫北沟村,是因为在明代的时候,在现在村庄的西南设有贾儿岭城堡一座,负责贾儿岭长城一带的防护任务。贾儿岭关口有向南下坡的小道,可以抵达坡下的田仙峪和辛营两村。当时的北沟,还不是一个村建制,只是一个地名,全称应该是"营儿北沟",是辛营村北的一个自然沟谷,所以北沟村便又叫辛营北沟。直至清代中期,这一代仍为荒郊野岭。真正有了村的建制,还是在民国年间。民国年间,陆续有曹、李、王三大姓氏的家族迁来此地垦荒定居,并积极争取获得了独立的村建制。听到这里,我恍然大悟,原来王大爷家就是北沟村的大姓、老户。

"要说北沟村是咋富的,其实一开始还是种板栗带富的,然后才是旅游。"

王大爷出生在北沟村,祖上几代也是北沟村的人,可以说是见证了北沟村这几十年间的变化,王大爷身体看起来很硬朗,声音洪亮,记忆力也好,只见他端端正正地坐在那里,身边仿佛萦绕着一股浩然正气。和刘奶奶一样,王大爷在年轻时也经历过国家艰苦的那个年代,同样也经历过北

12 长城脚下的北沟村

高地势民居一角

沟村的艰难时期,因为是土生土长的北沟村人,比从外村嫁入北沟村的刘奶奶更知道那些困难时期的苦,更清楚今天北沟村美好生活的来之不易。王大爷说,三年困难时期,村子里面不富裕,既没有水也没有吃的,更没有养家糊口种田的地,好多人就想走出山区,去外面的平原地找找活儿干。那个时候的交通和现在不能比,现在不论你想去哪里,不论你是想坐车还是坐飞机,都能快速且便利地到达你想去的地方。但当时的交通是非常不方便的,出门基本靠腿,只能靠着自己的双腿翻山越岭,一步步地走出去,甚至有的人走出去了就再也没有机会回到村里。改革开放为乡村带来了生机,党的富民政策让北沟村摘下了贫困的帽子,走上了富裕的道路。

说起北沟村的改变,王大爷才透露出他曾经担任过村大队书记,当年为了解决北沟村的吃水问题、交通问题,他不断去镇上和县里寻求帮助。他遇见了两个人,他们一个姓黄,一个姓刑,正是他们帮着王大爷找到了财政局,又找到了水利局,把水引到了北沟村,让北沟村的居民不用再天天从村外运水回家里,在村子里面就能打到水。王大爷感激他们,直到现在很多记忆都已经模糊了,但对黄、刑二人还是念念不忘,每次遇见他们二人的家人,王大爷都要停下脚步,向其家人询问二人的近况。

"我记住他们一辈子!"王大爷一提到他们,情不自禁地提高了嗓门儿,"现在我路过他们两家门口,还经常去问问他们两个怎么样了呢。吃水不忘挖井人,我永远记得他们,感激他们。"

我一听王大爷这么感激他俩,便以为黄、刑二人是村里德高望重的老人,忍不住问道:"那这两位现在都高龄啊?"

"没多大。"王大爷说,"现在也才60多岁。"

60多岁,比王大爷小了20岁,我一下子对王大爷更加敬佩起来。作为一位已经年过古稀的老人家,跨过了年龄的限制,对比自己小很多的小辈心怀感激,并且一直念着他们的好,不因自己是长辈而觉得他们的帮助是理所当然的,这种胸襟与态度令人钦佩。

"我爷爷从我小时候起就经常跟我说,人不能找便宜,一分便宜也不能找,找了便宜早晚会落到自己身上,有一个算一个。"王大爷道。这句话深深地印在了他的脑海里,成了他一生的座右铭。后来王大爷长大了,成家了,便也将这句话教给了他的儿子,现在他年老了,便又把这句话教给了他的孙子、孙女。现在北沟村富了,王大爷家也富了,整个村子都在变化着,但这条"祖训"却一直没变。

再后来,整个世界变成了一个地球村,北京成了一个国际化的大都市,北沟村也迎来了他们的外国朋友,变成了一个国际化的优秀村镇。

于谦宣传画

 袅袅炊烟在浅山：京郊村落记忆 | 怀柔卷

当被我们问到外国人来村里开民宿对他们有没有影响的时候，王大爷的反应和刘奶奶一样，他们全都不约而同地表示了欢迎。

这种欢迎不是嘴上说说、做做样子的那种欢迎。王大爷说，大家是真的欢迎他们，因为他们的到来，不仅让村里人得到新的工作机会，还让大家看到了村里未来的新的发展方向，这种事情为何还要阻拦呢？

"瓦厂"的故事

说起这些外国人，就要说说北沟村的另一个名字——"长城脚下国际文化新村"了。从名称中就大体能猜测出这个村庄的两个特点：一是距离长城近；二是外国人多，有国际色彩。当然，这里的外国人多并不是单纯地指因为有长城，像八达岭那样吸引外国游客，而是说因为北沟村的生态环境、政策环境、民风淳朴，吸引了外国人来村里投资，发展产业。

因为是约着跟清华大学的研习营同学们一起去"瓦厂"交流，我们在与王大爷告别后，就前往"瓦厂"。这个坐落在村庄南边的院落，据王大爷讲，曾经是村里的一个砖瓦厂，建立于20世纪八九十年代，烧制建筑用的琉璃瓦和砖瓦。后来因环境治理要求和市场竞争力弱等因素，这个砖瓦厂就停办了，留下了厂房和很多琉璃瓦。2010年，美籍华人唐华女士和她的丈夫萨阳，机缘巧合来到了北沟村，看上了这个院落，在村支书的大力支持下，开始了北京第一家乡村遗址酒店的改造和建设。这就是"瓦厂"的来由。

12 长城脚下的北沟村

"瓦厂"标识

袅袅炊烟在浅山：京郊村落记忆 | 怀柔卷

在等待"瓦厂"主人的过程中，我们简单地参观了一下"瓦厂"的布置。这是一座以红砖为主要材料的围合建筑，走进院落，印象深刻的是对琉璃瓦的利用。金黄色的琉璃点亮了转角。路面、墙饰、屋顶都粘贴有琉璃瓦碎片。一些比较完整造型的琉璃瓦，则作为院落景观。

"瓦厂"内部设置有大堂、主餐厅、客房，还有活动室和儿童中心。酒店墙上的酒店平面图采用中英文双语标识则体现了酒店和乡村的国际化。当然，酒店还有花园，只是乡村的酒店，除了普通概念上的花园外，还会有另外一种花园形式，我们姑且还是称之为院子比较合适。这里的院子有可以种植的菜地，种植好的菜垄旁都用中英文写着菜的名称，像樱桃

"瓦厂"一角

"瓦厂"的路

 泉泉炊烟在浅山：京郊村落记忆 ｜怀柔卷

琉璃瓦装饰

"瓦厂"屋顶

萝卜、香菜、茄子……让人感觉接地气的同时,也相信"瓦厂"主厨的食材新鲜。我想对于主人来讲,可能还有一个功能,就是让来酒店住宿的孩子们能了解农事,认识我们餐桌上的食材在种植、生长过程中的样貌。在院子一侧的矮墙上,用琉璃瓦碎片拼接出"吃水不忘打井人"的字样。"瓦厂"的主人在设计院落时加入了一些本土概念,如在地食材、中国乡土文化元素、长城文化元素等,还融入了不少国外的生活元素,让第一次来到这里居住的人,感到既熟悉又新奇。

当我们参观快结束时,"瓦厂"的主人到来了。通过交流,我们了解到,男主人是美国人,与出生在中国的妻子回国工作了若干年,在他40岁生日那天,突然觉得忙碌的工作对于他来讲,不是人生的全部。于是,他辞职,和妻子一起找到了北沟村,开启了从经济师转向建筑设计师的新的

袅袅炊烟在浅山：京郊村落记忆 ｜怀柔卷

人生历程。夫妻二人在营造"瓦厂"的过程中，与北沟村村委和村民结下了不解之缘。在我看来，"瓦厂"利用中西文化融合的理念，催生出乡村发展新模式，给像北沟村这样依托乡村文化资源、发展乡村旅游的村庄带来了新的就业和机会。而这在一定程度上改变了乡村的社会结构，特别是随着乡村的外来务工人员的增加，乡村的社会结构也随之发生了极大的变化。这一点在"北旮旯儿涮羊肉"店体会尤为深刻。

"瓦厂"的院子

因为这一天的时间安排很紧凑，在村中走访调研后，肚中早已空空如也，于是大家商量着就近找一个能吃饭的地方。我习惯性地打开手机，从网上查找，发现村里有一家叫"北旮旯涮羊肉"的餐厅。出于对中文字词的敏感，我觉得一定要去看看。等过去一看，发现这家餐厅正位于村北坡道的一角，的确与"旮旯"一词有关联，但等我们走进大门一看，内部空间并不显得局促，一排排木质长条桌椅、西边开敞的玻璃窗，让整个大厅在午后的阳光中显得宽敞明亮，一些角落的装饰还颇有后现代艺术气息。

在等待就餐的期间，我的目光被身旁一个个忙碌的服务员所吸引。负责我们这一桌的服务员是一个浓眉大眼的男生，理着板寸，看起来很机灵的样子。只见他拿着个打火机，一掀、一护、一点，一个蓝汪汪的小火苗便跳跃着越蹿越高。我以为这是谁家的孩子，暑假跑来帮忙，就有些好奇地问道："小伙子今年多大呀，16？""我都过18了！成年了！"服务员一愣，随后笑道，"放心吧，不是童工，我就看着显小，其实早过18了，我是专门跑来北沟村打工的。"询问后了解到，像北沟村这样的北京郊区乡村，因为旅游发展快，就业机会多，吸引了不少外地青年务工者，他们不再把目光放在北京城内，毕竟城里的生活成本，特别是居住成本还是很高的。他们多数来自农村，对乡村的生活很熟悉，来这里从事服务业有一定的工资收入，休息的时候还可以去北京城里看看，还是挺满足的。这就是他们最朴实的想法。

北沟村是怀柔浅山区众多村庄中的一个，它从历史上的荒芜到现在的富裕与国际化，是几代北沟村人一点一点努力的结果。幸福是奋斗出来的。

北沟村的难能可贵之处还在于，有像"瓦厂"主人这样具有中西文化交融特征的国际友人愿意来到乡村奉献自己，更有像王大爷的儿子这样的

 袅袅炊烟在浅山：京郊村落记忆 ｜怀柔卷

村口—"瓦厂"

乡村带头人，让北沟村以开放包容的姿态接受着世界各地的朋友……正是因为有他们，才让北沟村变得越来越富裕，越来越生机勃勃，并发展成为一座国际村。

13 邂逅六渡河村

 袅袅炊烟在浅山：京郊村落记忆 | 怀柔卷

一日在"山水怀柔"的官方微信公众号上，偶然搜索到一则乡村旅游信息，打电话过去，手机竟然打通了，于是我们与六渡河村不期而遇，结识了老书记、老木匠、"山豆根"的腊月姑娘，还有"雨山前"民宿经理小郭和来自老宣武、扎着脏辫的年轻管家。

老书记

老书记是六渡河村的前任村书记，在秋日微凉的夜晚，我们在老书记的讲述中展开了京郊乡村奔小康的画卷。

位于渤海镇的六渡河村和九渡河镇是什么关系？话头就从这地名聊起。听老书记说，六渡河村与九渡河镇依托的是两条不同的河，九渡河镇是怀九河，而六渡河村是怀沙河。无论是怀九河还是怀沙河，最终都汇入怀柔水库。所以说怀柔水库周边的村庄及其村民，为保护怀柔水库和北京的一盆净水做出了自己的贡献。

言归正传，回到与老书记的访谈，了解到位于怀九河流域的九渡河镇有一渡河村、四渡河村和九渡河村，而怀沙河流域的村庄排序则不同。因古时从平原进入渤海所，须从口头的关沙河处过怀沙河，故沿线村落依次排序为二渡河村（因发洪水调整现在没有村民居住，有几个饭店）、三渡河村、四渡河村、五渡河村、六渡河村（管辖六渡河和七渡河两个自然村），到八渡河村截止。这里的"渡"并不是"渡口"的意思，而是一个动词，即"渡水"。早些年间，这里水系发达，没有公路，村庄之间都有

怀沙河沿线

水连接,从一个村庄到另一个村庄都要顺着河边走,到一个村就要过一道河,故而得名"渡"。怀沙河曾经在1972年发过洪水,改变了从关渡到八渡的一些村庄结构,随着公路的修建,这种改变进一步强化了。在怀沙河的上游,还有两处比较大的泉水,一处是珍珠泉,也就是现在的田仙峪,以虹鳟鱼闻名。在三渡河乡时期,曾经生产过华成矿泉水。说起虹鳟鱼,20世纪末鼎盛时期的渤海镇有二三十家养虹鳟鱼,由于养殖方式不科学,对河水造成较大污染,后来经过整顿治理后,有了极大改善。另一处泉水是位于沙峪北沟的龙泉庄村,这两股主要泉水都汇入了怀沙河。尽管现在怀沙河的水量不大,但在老书记的记忆中,怀沙河在1972年和1998年发过洪水,特别是1972年的水很大,水面超过了公路路面,对村庄、庄稼和公

路造成很大影响。2008年在怀柔区重点沟域栗花沟的建设进程中,沿着怀沙河两岸修建了不少的木栈道,2018年六渡河村对木栈道又进行了修整和完善,形成了现在呈现在村民和游客视野内的河滨景观。说到栗花沟,现在有个更美丽的名称叫栗花溪谷,是怀柔区渤海镇的一条特色沟域,沟域面积2928.5亩,全长8.1千米,沿途经过三渡河、四渡河、六渡河3个行政村,五渡河、磨石峪、八渡河岭、渤海所4个自然村,因沟内遍布栗子树而得名。为改变公路两侧植被单一问题,2018年以来,渤海镇将道路两侧土地流转到村集体,投资金额2000余万元,对7处节点进行绿化提升,3处花卉种植节点栽种多层次、多色彩的波斯菊、百日草和狗尾草等植物品种。同时,栗花沟更名为栗花溪谷。7月正是栗花溪谷千亩花海绽放的最佳观赏期。[1]栗花沟沿线村庄两侧主要节点的景观绿化美化,为乡村旅游和民宿发展带来了新的契机。

对于六渡河村的历史,老书记说在他的记忆中,这个村在中华人民共和国成立前是很穷的地方,耕地少、山地多,仅有一点儿栗子树,为了让女儿生活得更好,多数家庭都选择将闺女嫁到赤城。现如今,村庄面貌,特别是经济状况有很大改观,村庄户数保持在230户左右,人口从20世纪80年代的583人,到如今的450~460人,主要是因为年轻人上学后多数农转非了,农户只有400多人,留下的大多数是老年人,再加上一部分人是退休后返回家乡的,加起来目前在村里居住的大约有500人。说起村里的变化,不得不说村庄交通条件的改善,之前村里都是石子路,村庄外围的道路不通畅,1993年开始修通了到村庄西头"山豆根"餐馆对面所在的自然村,随

---

[1] 北京日报报业集团:《养眼!怀柔栗花溪谷披上彩色外衣》,2019-07-19 09:19, https://baijiahao.baidu.com/s?id=1639447887179264266&wfr=spider&for=pc。

13 邂逅六渡河村

栗花沟的木栈道

后逐步得到发展。要说村里的主要经济来源就不得不提栗子树,村里一共有6000亩山场种植栗子,最高产的时候,一年可以收获100多万斤的栗子。所产栗子出口一部分,国内、北京周边、市里收购一部分。对于村民来讲,栗子树解决温饱是没有问题的,但如果想更加富裕,那仅靠栗子树还是不够的。1994年机缘巧合修建了一座原始部落游乐园,让村庄发生了极大改变。游乐园红火了七八年,2008年转型成为现在的卡斯谷度假酒店,收入相当不错。

在旅游产业的带动下,北京郊区村庄村民经营理念和生活方式发生了转变,村庄从最初发展农家乐到现在发展民宿,从电风扇到空调,从旱厕到卫生间……

自1994年的农家乐开始,特别是2008年栗花沟重点流域的治理和建设后,周边的生态环境发生了极大改观,2009年六渡河村被评为第二批北

卡斯谷

京最美丽乡村，2010年被评为首都文明村。2017年民宿兴起，要求领导带头试点，到2020年已经形成了30多个院落的民宿，占到全村190个院子的15%，民宿的兴起使原来荒废的院落有所用处，加上原来的农家乐升级，村庄面貌有了很大改观。从农家乐提质升级到民宿，村民的收入节节高，推动村民走向富裕，2019年六渡河村被评为中国美丽休闲乡村。

"最美乡村"标志

袅袅炊烟在浅山：京郊村落记忆 ｜怀柔卷

村庄景观（组图一）

13 邂逅六渡河村

村庄景观（组图二）

村民个人和家庭富裕了，但在老书记的心里还是记挂着村里那些孤寡老人。2010年，在和村委会班子成员商量并争取到各级领导的支持后，老书记将废弃的小学校园改建成托老所，让村里老人优惠享用各种服务。2017年，老书记开始在村里尝试推广居家养老新模式，并积极争取城市对乡村的支持，与中国农工民主党北京市西城区委员会取得联系，邀请到展览路医院的专家每月进村义诊。村里为60岁以上的老人建立医疗档案。专家每次进村都会帮助老年人调理身体并为老年人讲解如何预防慢性病。除了关心老年人的身体外，老书记对中华优秀传统文化中的和睦关系也有自己的独到见解。老书记说，家庭和睦的关键是处理好婆媳关系，婆媳关系好，家庭就稳定了，村风村俗也就正了。2010年六渡河村建立了婆媳澡堂，之所以这样命名，就是为了鼓励儿媳妇带着婆婆去洗澡，凡是婆媳一起去洗澡的都一律免费，这一政策推出后，极大地促进了村里各家各户的婆媳关系。后来将这一政策扩展到翁婿和帮助邻居家老人洗澡的邻里，这一小小的举措，极大地促进了尊老爱老、家庭和睦的良好村风的形成。2017年试点居家养老的同时，老书记还利用大队旧的会议室建立了阳光食堂。在阳光食堂，90岁以上的老人可以免费吃饭。起名"阳光"的初衷是计划建立一个幼儿园，让儿童和老人在一起吃饭，让孩子们充满阳光味道的笑脸照亮老人。尽管幼儿园最后没有建成，但阳光食堂还是在很大程度上解决了村里在外工作子女的后顾之忧。贴心暖心的养老政策让村里的老人们生活好、心情好、身体好，长寿的人也就多了起来。

听着老书记的讲述，因水得名的六渡河村越来越鲜活。老书记从小生活在六渡河村，对过去的穷和现在的好感受最为深刻。他愿意带领全村人共同致富，而且也是与时俱进的好书记，从婆媳澡堂到阳光食堂，从托老所到城乡联手居家养老，从农家乐到精品民宿，在带领村民走向富裕的同

13 邂逅六渡河村

婆媳澡堂

阳光食堂

时,还通过每月给当月过生日的老人办寿宴、建立全自动洗衣房等举措,改善村风村俗,提高村庄民宿的服务质量。就像老书记说的,现在环境这么好,村庄面貌也要配得上美丽的环境,老书记因身体原因在2018年底退休了,但他对乡村的深情令人感动,衷心祝愿老书记能保重身体,安度晚年。

"老木匠"

据说:北京民宿看怀柔,怀柔民宿看渤海,渤海的民宿精品在六渡河,民宿代表就是"老木匠"。正像老书记说的,六渡河村的"老木匠"民宿是2017年村里第一批试点建设的民宿,而"老木匠"名称的由来还是得益于其女婿的一句话。

初秋的清晨,一大早的太阳就有些晃眼,沿着六渡河村外的木栈道,从西往东走在村里弯曲的小巷中,一边看花草树木,一边观村舍房屋,感受乡村的恬静。

远处有一栋非常醒目的白颜色的房子,当时还在想这是谁家的房子这么与众不同,转眼再看,"老木匠"3个字跃入眼帘,于是我们就直奔这栋房子。来到门口,正巧看到一位老人出来,猜测是不是大家口中常提到的老木匠呢?一问还真是,就这样我们走进了"花筑·老木匠"民宿。

民宿从木质的大门开始,就显示出其乡村民舍与分时度假家庭式酒店相融合的特点,正对大门的木质条案和墙上镌刻的《说文解字》以及院落

清晨的乡村景观

中或呈行列或散散落落摆放的木墩、木凳,都代表着民宿主人老木匠的身份。房子中散发着木质温暖的基调,让人忍不住想在此逗留,即使什么都不做,只是静静地坐在那里,也很好。

简单地寒暄过后,趁着还没有客人来的上午时间,我们在老木匠夫

 袅袅炊烟在浅山：京郊村落记忆 ｜怀柔卷

"老木匠"远望

"老木匠"标识

妇的带领下参观了小院，考虑到下午客人要入住，就没有参观房间。我们坐在院子里的一棵大树下，慢慢展开了对话。"老木匠"的宅基地有东院和西院，东院现在还自己住，西院是原始部落游乐园时期的农家院。2016年底，老木匠夫妇看到北京郊区乡村发展的大好形势，紧跟民宿发展的良机，2017年在女儿的协助下，开始着手设计并贷款进行了改造建设。民宿的地理位置很好，位于六渡河村中间地段，南面对着怀沙河，青山绿水，安静凉爽。坐在院子温润的木墩儿上，可以看到修葺整齐的步道和公园，院落中有一棵300多年的古树，还有香椿树、栗子树，层次错落的空间设计让300多平方米的院落显得很大，随处摆放的木制的桌子、椅子、花器，还有桌子上木制的烟灰缸、墙上挂着的木匠工具，都与"老木匠"的品牌

呼应契合,既古朴又兼具设计感,充分体现了六渡河空气好、生活慢节奏的乡村特征。民宿一共有4间客房、1间厨房和1间客厅,可以同时住10个大人和若干孩子,或同时接待4个家庭。周末客人比较多,冬天客人也很多,因为有地暖,所以很受客人欢迎。夫妇为客人准备好米、面、油、调料等必需品,客人自己可以在这里做饭、欢聚,很有家庭氛围,在这样的环境中,客人们往往不到退房时间都舍不得走。老两口平时对院落很爱护,经营方面主要是以孩子为主,打扫消毒等工作以老两口为主,他们还在村里请了一位帮工。2018年"花筑·老木匠"民宿评上了怀柔区的"金民宿"。夫妇二人表示现在国家形势这么好,北京郊区的民宿,特别是怀柔区的生态文化旅游这么有吸引力,开业以来的客人绝大多数都是回头客,这种口口相传的效果让老人很有信心能把贷款还上,老人说毕竟是自己的房子,改造好了如果不能做民宿,自己住着也很好。

　　说起自己的木匠手艺,老木匠自豪地说村里的大多数房子都是自己帮着盖的。1973年为了多挣几个工分,老木匠就跟着当时村里的木工师傅学起了木工,后来自己也开始琢磨钻研,即使到现在,老木匠平时也喜欢去山上转悠转悠,看到合适的树疙瘩,就挖出来带回家,经过精心雕琢,每个在外人看来不能用的树根,变成了一件件可用的物件。老木匠不仅自己做木工活,连家里的石碾子都是自己动手做。老木匠神采奕奕地讲述着他的木工活,如数家珍,这种化腐朽为神奇的力量正是匠人精神的体现。

　　跟随着老木匠来到老人自住的东院,与西院相比,东院更具有乡村的生活气息,但与过去的村庄和传统民居不同。老人说现在村庄面貌变化很大。现在有污水处理,有卫生保洁,垃圾也分类收集了。村口和村庄内部的空地都新建了公园和文体设施。有了议价电后,村里每家每户都可以用城里家庭用的现代化设施设备。家里做饭和冬天取暖也都进行了"煤改电",

13 邂逅六渡河村

"老木匠"院落(一)

袅袅炊烟在浅山：京郊村落记忆 ｜怀柔卷

"老木匠"院落（二）

"老木匠"木器（组图）

比过去烧柴火、烧煤方便了很多。这些变化不仅提升了生活品质，改善了乡村的环境和村民的生活方式，也让民宿经营受益。特别是冬天有地暖，延长了郊区民宿的经营周期，让去京郊乡村过大年成为北京市民一项重要的节日活动。

在与民宿女主人的交谈过程中了解到，老木匠姓王，是1949年生人，与共和国同岁，老伴儿比他小3岁，两人在1971年通过媒人介绍结为夫妻，一晃50多年过去了，看着老两口相互关照、相互扶持，不由得想起那首歌里的歌词："我能想到最浪漫的事，就是和你一起慢慢变老，一路上收藏点点滴滴的欢笑，留到以后坐着摇椅慢慢聊……"这不就是浪漫和爱情本该有的样子吗？

问起对现在生活和对村里的评价时，女主人风趣地说："谁不说俺家乡好。"尽管过去是有过穷的日子，但现在的生活真是过去从来没有想过

袅袅炊烟在浅山：京郊村落记忆 | 怀柔卷

"老木匠"的东院

的。老人说村里建了阳光食堂,老两口每人每天交5元钱,很方便。村里对老年人有优惠补贴,国家有养老金。村里还有联系好的定期体检,如果需要去怀柔区看病是可以走医保的。说到这里,我们都由衷感叹还是社会主义好。

从老木匠家出来,回头望去,又看到影壁墙的《说文解字》,心中不禁升起一种感动,感动于老先生对生活的透彻和满足,感动于老两口相依相伴的金婚岁月,在不紧不慢、老有所为中安度晚年,感动于老木匠对自己木匠身份的自豪、对木匠工作的热爱。同时,也促使我再度思考,好的民宿应该是什么样的?我想,那是一种既符合当代大城市家庭和单位人心

老木匠和他的木器

袅袅炊烟在浅山：京郊村落记忆 ｜怀柔卷

老木匠夫妇

中对乡村生活的那份向往，又兼有舒适的居住环境；既有乡村的味道，又有乡村的淳厚。因此，房屋院落的空间设计固然很重要，但有一份热爱和精神注入其中，那就不仅仅是换了一个住的房子。正如《说文解字》中对匠的注释："匠，木工也。从匚从斤。斤，所以作器也。"木匠是最初的匠人，钻研专注也是匠人的品性，追求卓越的创造精神正是新时代的工匠精神。

腊月姑娘

在六渡河村的西边有一处相对独立的院落，那就是腊月姑娘的家，也是怀柔有名的一处美食餐厅。说起来，也是颇具故事性。

在走访六渡河村的第一天晚上，从网上找到了一家距离最近的餐厅，叫"山豆根"。出于对这个名字的好奇，就特意上网搜索，网上说山豆根是一种药用植物，最早见载于宋代刘翰、马志等编著的一部药物学著作《开宝本草》中。后在宋苏颂等编撰的《图经本草》中有详细记载："山豆根生剑南山谷，今广西亦有，以忠州、万州者佳。苗蔓如豆，根以此为名，叶青经冬不凋，八月采根……广南者如小槐，高尺余……"在宋唐慎微编写的《证类本草》中附有宜州与果州的山豆根图，亦截然不同。可见各类本草记载的山豆根，其原植物不止一种。现在作为中药名的山豆根是豆科植物越南槐的干燥根和根茎，味苦，寒，有毒，有清热解毒、消肿利咽之功效。看到这么多对于山豆根的知识介绍，更加对这家餐厅充满了好

奇。可惜时间太晚，看不清"山豆根"的全貌，匆匆吃过饭后就离开了，但对接待我们的一位年轻姑娘印象深刻。因猜不到年龄，姑且称之为姑娘吧，只见她利索干练，对线上支付很熟练，猜测着是店里请的经理人吧，只是夜色已黑，不便打扰，想着第二天早上再来吧。

第二天早上起来，从村东头的住处出来，沿着怀沙河的木栈道，感受着伴随阳光而至的晨风，一路向西，在去"山豆根"的路上，正巧碰到位于村庄外侧游客接待服务中心的广场上开早市。乡村的早市较之城市更有烟火气，与农村的集市相似，货物多而杂，运货工具也是各式各样；与集市不同的是早市每天都有，而且交易时间短，大概在早8点就临近结束了。在早市上可以买菜、买瓜果，还可以买一些日用品等，村民们都习以为常，倒是让住在村里和卡斯特酒店的游客倍感兴奋。因为早市的原因，引导着我们又看了看接待服务中心及广场，广场面积不小，可以同时停靠十几辆旅游大巴，广场还安置有篮球场、乒乓球台等文体设施，可以看出这里的旅游发展有一定年头了。路旁看到一块"骑行驿站"牌子，想来这条路骑行者经常光顾。

走到"山豆根"的门前，才发现这里不仅有餐馆，后面还有一排小木屋，是可以住宿的，坡屋顶的木屋和前廊让人不禁想起森林和田园风光，因为有客人居住，就没有再往里走，倒是被院子里的小花小景所吸引，拍了些照片。来到前院餐厅，在选择室内座位还是室外座位时，被院子的花草和旁边的溪水所吸引，坚决地选择了室外座位，好在早上我们到的那个时间，人不是太多，"山豆根"的早餐新鲜且有家的味道，不禁让我想进一步了解"山豆根"主人的故事。

静静等待了一会儿，在客人都离开以后，我走向了那位从昨晚就想去交谈的姑娘。话题从她的身份开始。让我意外的是，她告诉我，她已经37

13 邂逅六渡河村

"山豆根"农家乐

广场和球场

骑行标志

岁了。我还真是看不出来。在我看来，她还是一位姑娘。姑娘的小名叫腊月，她说村里的老人都这么叫她，反而对她的大名不熟悉了，如果有人问她的名字，她也愿意大家叫她腊月。

腊月姑娘是这家餐厅主人的大女儿，餐厅的主人是腊月的父亲王永东。王姓是六渡河村的大姓，从老书记到老木匠再到"山豆根"的主人，都姓王。听说村里的王姓想续一个家谱，以记载家族的世代繁衍及重要人物事迹。家谱作为姓氏文化的文献，也是中华文明史中最具有平民特色的文献，家谱不仅记录着该家族的来源、迁徙的轨迹，还包罗了该家族生息、繁衍、婚姻、文化、族规、家约等历史文化的全过程，也是一种文化遗产，但因为种种原因，村里王氏家族家谱的编续，暂时还没有实现。

回到餐厅的历史，腊月姑娘说2000年前后在现在这个位置建了一座餐厅，当时是为了配合原始部落景区，2002年腊月姑娘的父亲从政府单位退下来后，回到家乡接手了这家餐厅，并起名为"山豆根"。腊月说餐厅寄托了父亲热爱家乡的深厚情怀，父亲希望家乡的山水植物风貌都保持最原始的乡土气息和味道。随着北京乡村旅游的不断发展，"山豆根"一步一步扩大规模。2010年前后，腊月父亲在山上种植的面积不大的果园逐渐成形。进入新时代的京郊农村更是发生了巨大变化，环境变好了，山变翠了，水变清了，连道路两侧的花草都变美了。这时候的乡村旅游也不仅仅满足于过去吃一口新鲜食材的农家乐了，人们更想在居住舒适、卫生条件好的乡村民居中小住，感受乡村生活的美好，特别是对文化、健康的需求增加，"互联网+数字支付"的生产生活方式的极大变革，推动了怀柔乡村文旅产业的升级和发展，"山豆根"面临再次提升改造。这时，父亲提出让腊月回来接手"山豆根"。腊月在接管"山豆根"前，是在县城的一家房地产公司做财务，当父亲提出让她回家经营"山豆根"时，她也抗拒和

"山豆根"周边的环境

犹豫过,但在父亲的坚持下,孝顺的腊月最后还是放弃了原来的工作,于2017年回到家乡。"山豆根"迎来了更年轻的女经营者。问起腊月,是什么原因让她最后下定决心放弃在城里的工作,她说:"是父亲的坚持,做子女的理应尽量帮老人达成心愿。同时,我也是看到随着互联网和文旅产业向乡村地区扩展,乡村的改变需要像我这样的年轻人回来接手。"就是本着这样一种最为朴实的想法,腊月放弃了在县城的工作,回到家里帮助父亲打理餐厅和后面的小木屋。

说起父亲的坚持,腊月的话既诚恳又引人深思。她说,"山豆根"对于她们家而言,不算产业,但也是一份家业,父亲61岁了,42岁从政府机关的工作岗位上退下来回乡,带着对山区家园的依恋,一点一点地把餐馆经营起来，把山上的果园种植起来。父亲对乡村的感情和来到这里住一两天的客人是完全不同的，外人也是难以体会的。父亲现在的精力主要花在打理果园上。尽管这片果园面积不大，却是父亲10年的心血。在父亲的精心呵护下，果园里的品种越来越多。而且果园只在果树开花的时候打一次药，在整个果实孕育过程中都不再打药，这使得山上的杂草长得很快，但为了保障果实的绿色品质，都是人工除草。腊月说，尽管她们也不是一直生活在农村，但也不想把"山豆根"做成一种纯商业化的产品，而是更希望把最具有乡土特质的产品呈现在客人面前，这就是腊月父亲和我们中国人骨子里的"留住家乡味道"的恋地情怀。也正是有这种情怀，腊月遵循父亲的经营理念，凭着诚信和热爱，让"山豆根"成为一家网红餐馆，店里多是回头客，烤鱼、家乡肠是必点的菜品。说起家乡肠，腊月自豪地说，这是她妈妈手工灌制的香肠，全村独一份的味道，供不应求。

腊月的父亲将这个餐馆起名为"山豆根"，一是缘于山上随处可见的被称为"山豆根"的野菜，二是希望这个名字能让各方游客更加了解山里人和他们的生活。至于山豆根是不是我在网上查到的药用植物，我也没有去细究，但据其他采访过腊月父亲的报道记载，老人讲"困难时期家里没吃的，这野菜活了人命"，应该是一种可以食用的植物。就像《图经本草》中所描述的"苗蔓如豆，根以此为名，叶青经冬不凋，八月采根"，这种植物有着顽强的适应环境的能力，就像生活在浅山区的百姓追求更美好生活的不懈努力。

当问起腊月是否有想过在村里当个一官半职，她的回答是，村里比她有能力的人很多，但如果村里需要"山豆根"在公共事务上做些什么，她会积极参与。她对现在大队的环境和氛围都非常满意，包括每年给村里的老人过生日，她父母都会参加。这就是一种集体意识和村庄文化，有能力

"山豆根"的小景观(一)

的人都愿意为村里做贡献,能尽自己的一份力量就尽一份力量。

　　过去没有现金收入,日常生活还是有一定困难的。现在环境改变了,国家政策好,农家乐、民宿对于当代的年轻人来讲也是非常有吸引力的一种业态,特别是民宿,对于农村人来说是一种新鲜事物。腊月回来后,在农家乐业态的提质升级过程中,政府的帮扶、老板之间的协同作战都给她极大的鼓舞。新书记和老书记一脉相承,在解决六渡河村村民的劳动就业方面很上心。村里成立的物业公司,不仅可以帮助村里的民宿安排管家和服务人员,负责打扫卫生、收拾客房,像"山豆根"这样,每天可以同时接待10~15桌的团餐和50位客人的住宿,日常打扫和收拾客房的工作量很大,靠一个家庭真是忙不过来,物业公司的建立很好地解决了民宿经营者

13 邂逅六渡河村

"山豆根"的小景观(二)

的大问题；更重要的是，可以解决本村和周边村庄村民的劳动就业问题，民宿主要的服务人员都是聘用本村和周边村庄的村民。我想这就是有智慧的村领导班子，知道什么是自己应该做的和应该做好的，互惠互利，达到双赢。

"雨山前"

明月别枝惊鹊，清风半夜鸣蝉。稻花香里说丰年，听取蛙声一片。
七八个星天外，两三点雨山前。旧时茅店社林边，路转溪桥忽见。

　　这首辛弃疾的经典词作向人们描述了一种很接地气的生活中的小幸福场景，其实人生不必太在意一时得失，在山雨到来之前也不必太慌乱，也许转个弯就能看到光明。

　　这首词对于六渡河村的"雨山前"组合民宿品牌经理人逸凡来讲，也是一种生活写照。逸凡是一位从事海外旅行和签证服务等事务的年轻人，因新冠肺炎疫情的影响，境外旅游暂时不做了，开始专心做起之前就经营的一间民宿，后来又接管了几家，形成了现在看到的"雨山前"组合民宿品牌。

　　说起来，这个组合民宿源自2017年中央美院的一群师生，他们在写生过程中遇到了美丽的六渡河村，机缘巧合，租用了7个闲置的院落，并根据当地的传说——渤海镇有7个各怀绝技的姐妹，她们用自己的手艺为家乡开

13 邂逅六渡河村

辟了一条商业之路,为一方土地上的百姓造福,将7个院落统一命名为"七姑娘",成为组合民宿的开始。后来因为各种原因,7个院落的发展有了各自的路径,各自分开经营后,品牌也就分开了,其中有4家组合民宿组成了"自在家山"民宿品牌,有2家在"雨山前"的品牌下,还有1家继续使用"七姑娘"民宿的名称。

在与"雨山前"经理的访谈过程中也了解到,"雨山前"组合民宿以托管带运营的组织经营形式,整合了5个院落,每一个院落又分别有自己的名称,包括"观山""听月""槐树""草堂""和易"。每一个院落都依据院落的大小和形状,设计成不同的风格,既有中式风格,也有日式和地中海式风格,给客人以更多的选择。这些小院由一位管家负责打理,同时也聘请了一些村民。"雨山前"的管家是一位来自北京城里的年轻小伙子。问他来自哪个区,小伙子很自豪地说:"老宣武呀!"看他手脚麻利、悠然自得地整理着小院的花园和房舍,体会到了那份对生活的热爱和对工作的敬业。

谈到北京的郊区旅游,大家一致认为像北京这样的超大城市,其郊区旅游优势非常明显,一方面,有稳定的来自本地的广大客源;另一方面,郊区产业调整、北京生态涵养建设和绿化美化,是郊区开展生态绿色休闲旅游的基础条件,又是城市反哺乡村,促进城乡融合发展的成果,更是满足人民群众对美好生活需要的具体体现。同时,郊区游客的定向化和多元化,也为郊区乡村旅游发展带来一定的挑战和竞争,并在一定层面上改变着乡村的生活方式和居住习惯。"疫情对境外旅游影响很大。"逸凡说,"未来还是会致力于做好境内境外文化旅游的双循环。"对于未来,逸凡也谈到,从民宿经营者的角度,希望政策稳定,将来能做组合民宿的养老产品。从旅游从业者的角度,未来的民宿市场将经历从低门槛入行到标准

 袅袅炊烟在浅山：京郊村落记忆 | 怀柔卷

"雨山前·听月"

"自在家山"

化监管的行业发展历程,旅游产业的业态结构将迎来新的变化。

听了逸凡的一番话,我也在想,现在的乡村,特别是山区的乡村,非常需要像腊月、逸凡、小管家这样的年轻人,从城市来到乡村,无论是继承父辈的家业,还是自己开创一片天地,都是为乡村振兴贡献自己的一份力量,让日趋严重的乡村空心化和老龄化得到缓解,让乡村在保持乡村情怀和乡土气息的同时,为乡村带来新的生机与活力。

 袅袅炊烟在浅山：京郊村落记忆 ｜怀柔卷

"雨山前"院落景观（组图一）

13 邂逅六渡河村

"雨山前"院落景观（组图二）

 袅袅炊烟在浅山：京郊村落记忆 | 怀柔卷

我曾经去台湾调研过民宿与乡村融合发展的情况，看到不同的经营模式，如有的民宿从个人故事出发，结交朋友，形成小群落；有的民宿以村落社区为单位，借助村落的自然环境和生境，打造在地食材和科普活动，如夜观萤火虫、听蛙声、找昆虫等；有的村落利用文化遗产和手工艺技能，转化为艺术画作和艺术装置，装饰和美化乡村环境，设置旅游接待、展演展示中心和手工作坊，建设乡居民舍接待游客。实际上，在北京郊区怀柔的六渡河村，无论是环境还是村风都很好，村庄里散布的美术学院师生的画作，为村庄增添了很多亮点。未来的组合民宿，一方面有稳定的具有一定消费能力的客源，另一方面引入旅行社和酒店经营管理经验，可立足本地特色，整合周边旅游资源，开发充满乡村情怀的特色旅游线路，亦

村庄中的画（组图）

13 邂逅六渡河村

京郊板栗第一村

可紧扣中华优秀传统文化，围绕二十四节气和农时习俗，开展春季赏花、夏季纳凉、秋季采摘、冬季滑雪等多种活动组合，让北京郊区的乡村文化旅游更加丰富多彩。

14 走访红螺镇村

袅袅炊烟在浅山：京郊村落记忆 ｜怀柔卷

人们常说，现在的年味越来越淡了，怎么找都找不回小时候过年的兴奋感了。于是，大年初五，我赶着春节的小尾巴，想去怀柔的红螺寺看看庙会。怎奈事先没有做好功课，时间不合适，没有看到庙会，只能到周边的村庄转转。于是想着先按导航去往一听村名就与红螺寺关系密切的红螺镇村。一走近才发现，经验主义害死人呀，实际上，离红螺寺更近的那个村，是在红螺山脚下的芦庄村，而红螺镇村则位于红螺湖的左岸。

据《北京市怀柔县地名志》[1]记载，红螺镇村是怀柔镇辖村，村里设村民委员会，位于镇域北部，东隔红螺湖，南距县城及镇政府驻地5.5千米，北距芦庄村0.8千米。村域面积2.68平方千米，聚落东西向较长，略呈船形，有东西向主街1条，南北向主街2条，胡同排列不甚规则，共210多户，600多人。

红螺镇村建村于明代，因村址位于红螺山南麓、红螺寺前，又为当时集镇，故得名红螺镇村，隶属富乐里管辖，这一行政隶属关系一直延续到民国时期。红螺镇村地处红螺山前丘陵台地，海拔65～80.6米，地势北高南低，京密引水渠流经村南，东、南面有水面600亩、总库容221万立方米的红螺镇水库，即现在的红螺湖。红螺镇村土壤为轻壤质洪冲积物质碳酸盐褐土，坡地植被有松、柏以及部分果树，四旁绿化多杨、槐树，林木覆盖率高。村庄有林果地800余亩，年产梨、桃、杏、板栗等干鲜果品。因紧邻红螺湖与红螺寺，乡村旅游资源丰富，乡村借助观光旅游，开展农家乐较早，2017年入选中国美丽休闲乡村。

一路按照导航，来到红螺镇村前的小广场，因为是春节期间，村庄

---

[1]《北京市怀柔县地名志》编辑委员会编：《北京市怀柔县地名志》，北京：北京出版社，1993年。

人较少,街道很是干净,随意地在村庄里转了转,看到有一家的外墙上挂着"特色文明家庭"的牌子,墙边立着一个设备,有一位女士在门外干着什么,于是就走过去聊了起来。话头就从那个设备聊起,经这家的女主人解释,才知道这个设备是空气源热泵水暖机室外机,是北京郊区乡村"煤改电"的一个家用设备。北京市为了全面解决环境问题,在郊区推行"煤改电"取暖方式,过去北京郊区乡村冬天都是利用煤饼、煤球取暖,山区村民在冬天还会去山上捡拾柴火。随着经济发展水平的不断提高,在有条件的郊区乡村推行"煤改电"取暖项目,冬天采用电取暖越来越普遍。同时,北京市及各区也制定了错峰用电的优惠政策,一般来讲,晚8点至次日早8点是低谷电价时段,在享受低谷段优惠电价0.3元/度的基础上,各区根据自己的实际情况,也会给予一定的补贴,山区比平原区每户要适当地多

文明家庭牌子

一些补助。女主人说，现在大家也都习惯了用电，冬天家里干净了很多，还解放了女性的时间，冬天不用再干很多与烧炭取暖有关的家务活儿。聊到家里的孩子们时，女主人自豪地说，孩子们都在城里工作居住，早上吃过饭后都陆续回去了，她和丈夫就留在老家，现在国家乡村政策好，乡村环境各方面都越来越好，子女也孝顺，他们在熟悉的家乡生活安心踏实。看到院子里还堆着一堆木块和木条，女主人笑着说："这个就是乡村院落的标志，尽管可能不怎么用了，但堆在这儿，心里就是一个安慰。"

告别了这家主人，沿着路往里走，来到了一个幼儿园的门前。因为过年，幼儿园没有开门，从外面望进去，规模不小。看见红螺镇幼儿园的第一眼，就被幼儿园多彩的外观所吸引。红螺镇村整体房屋都是浅灰色调，冬天的枝丫光秃秃的，街上也没有什么居民走动，让置身其中之人感觉有

"煤改电"的设备

院落中的木块堆

点儿单调又无聊,而红螺镇幼儿园就宛如一幅灰白画中简单的几笔色彩,瞬间点亮了这个灰色村落。幼儿园的外墙画着湖水、莲叶和鲤鱼,里面孩子们的活动区域也被铺上了草坪,所有这些元素和色彩,让村庄多了一份绚丽。据说这是镇上数一数二的幼儿园,也是附近村庄里最好的幼儿园。因为有这个幼儿园,让村庄增添了很多的欢闹声,村里每天最热闹的时候就是幼儿园上学、放学的时间。

从幼儿园转出来我们又回到了小广场,小广场上安置了几处体育活动器械,在一个跷跷板前,遇见了带着孩子玩耍的陈大姐。说是她带着两个孩子玩儿,不如说是她的大女儿带着她的小女儿在玩儿。小女孩刚上幼儿园没多久,和姐姐玩得很开心,她有着那个年龄段的孩子都拥有的活力。在我们和陈大姐聊天的时候,小女孩就围着我们一圈一圈地转着跑,除了

红螺镇幼儿园

袅袅炊烟在浅山：京郊村落记忆 | 怀柔卷

偶尔跑来陈大姐面前给她看自己发现的新鲜东西，直到我们离开都没有停下来。陈大姐跟我们说，红螺镇村虽然有着与红螺寺相关的村名，但实际上没有直接受惠于红螺寺，而是看周边单位提供的工作机会，她自己就是在雁栖湖国际会议中心做保洁服务工作。村里和其他的村子一样，村里的年轻人都外出工作了，留在村里居住的多数是老人、妇女和孩子，村里也没有多少属于自己的田地，所有留在村里的劳动力也都会在周边找找能给自己提供工资性收入的工作。陈大姐家的大女儿学的是幼师。陈大姐说，她的愿望就是大女儿毕业后能来红螺镇幼儿园工作，离家近，也是学有所用。可以看出来，陈大姐的大女儿非常有耐心，也知道怎么带着小孩子玩儿，在我们和陈大姐聊天时，她细致又耐心地陪着小妹妹，跟着妹妹一圈又一圈地转，完全看不出不耐烦的样子。

我看着陈大姐幸福的微笑，突然有些好奇，于是便问她："您是一直在这个村子里生活吗，还是从别的村嫁过来的？"

"我可不止是从别的村嫁过来的。"陈大姐说，"我老家是贵州的。"

"贵州的！"

我不禁重复了一句，陈大姐的口音在我听来已是地地道道的北方腔，完全听不出来是南方人。陈大姐笑着说她来北京已经20多年了，比在贵州生活的时间还长，可以说她的许多生活习惯都改变了。比如说贵州人喜欢吃辣，吃什么都要放点辣椒进去，无辣不欢，可自从她来到北京，又嫁到怀柔以后，渐渐地就不怎么吃辣了，久而久之也就吃不了辣了，每次回娘家吃饭也变得不适应起来，被她父母笑称已经不是贵州人了，连辣都吃不了了。

陈大姐一家可以说是非常普通的一家人，丈夫在不远处的怀柔城区打工，陈大姐带着两个孩子在雁栖湖国际会议中心工作，大女儿选了自己非常喜欢的幼师专业，将来也会从事自己喜欢的工作，小女儿正在开心地长大，将来也会有不错的发展。陈大姐虽然远离了生她养她的故乡，却在这里找到了她的归宿与幸福。

　　在与陈大姐交谈的过程中，有一句话令我印象深刻。陈大姐说，虽然附近能提供给她的工作机会不多，她也可以不工作，当个家庭主妇在家带两个孩子，但她却一定要找一份活计干着，就算挣得少，也要一直做下去。多为家里挣点钱是一方面原因，另一方面原因却是她希望能为两个女儿做好表率，让她们明白，女孩要自立自强，不论怎样都要学会自己照顾自己，自己养活自己，永远不要试图依靠别人供养生活。现在社会上越来越多的人认可家庭是由男女家长共同支撑的，照顾家庭和孩子是夫妻两人共同的责任。过去刻板的男主外女主内的社会角色越来越淡化。所以，不论是男性还是女性，拥有一份工作是极其重要的。人们通过工作获得成就感，获得社会参与感，在获得财务独立的基础上，更重要的是获得精神自由，尤其对于女性而言，只有经济独立了，才能获得真正的人格独立，就像陈大姐说的那样，通过自己的努力使自己和家人过上更好的生活。

15 芦庄与葫芦文化

袅袅炊烟在浅山：京郊村落记忆 | 怀柔卷

挥别陈大姐离开红螺镇村后，我们继续驱车向前，刚开出去10分钟左右，就在一侧的公路旁看到若干的葫芦造型景观，于是我们就这样碰到了芦庄村。一到村口，就看见一个长长的挂着各色葫芦的彩色花棚，小彩旗随风飘舞着，一首《葫芦情》的作品矗立在村口，让芦庄村从内而外都散发着喜气洋洋的气息，还真有些过年的气氛。开车进到村里后，让人即刻就进入到一种喜庆的氛围中。

村口彩色葫芦花棚

15 芦庄与葫芦文化

进村下车后想到村口的那首《葫芦情》,于是便折返村口一探究竟。在村口的一面墙上,一双手托举着一册书简,书简上面书写着一段对葫芦从自然瓜果转变为人文瓜果的描述,其中最后是这样写的:"葫芦逐渐由'自然瓜果'转变成了'人文瓜果',继而人们对葫芦产生了无限情怀。"由此看来,这个芦庄村着力打造的就是葫芦文化了。

《葫芦情》

带着一探究竟的念头,我们前往村委会,希望能找到一个"有缘人"帮我们"排忧解难"。在村委会的门前看到有对芦庄村社区的介绍,通过介绍了解到,芦庄村现在村庄面积为4平方千米,常住户数为300户,常住人口为650人,平均每户不到3人,且多为老年人。村庄社区建有村民活动

室、图书文化室和体育锻炼场地，为不同年龄的村民提供文体活动和公共服务。就在我们徘徊在村委会门口、不知道该何去何从时，迎面就遇上一个从里面走出来的人。那人见我们在门口徘徊，便主动过来询问我们是否在找人，等我们把来意一说，他立刻转身掏出钥匙把我们请进了门中，原来走出来的这个人不是别人，正是村里的书记兼村主任，这可真是应了那句话：人生处处有惊喜，无巧不成书呀！

这个村叫芦庄村，按照怀柔这大村大户大姓的规律，猜测着村里的大姓应该就是卢姓吧，我们进屋抬头往墙上一看，果不其然，这位村主任还真就姓卢。这个院子不大，环顾四周发现挂了若干块牌子，上面写着各个职能部门，真是麻雀虽小五脏俱全，里面该有的机构设置和功能一个也不少。这里既是怀柔区怀柔镇芦庄村的村民委员会所在地，也是村支部委员会所在地，还有一个牌子挂在大门正上方——"怀柔镇芦庄村社会管理服务中心"。于是话题就从这个社会管理服务中心说起。

据卢主任介绍，芦庄村的社会管理服务中心是怀柔区首创，也是在北京山区最早进行"一窗式"乡村社会综合服务的地方，在这里，土地、规划、社保等涉及村民的事务，需要办理的各种各样的手续，在社会管理服务中心一个窗口就都能办理好了，不需要村民往返多次，省去了不少不必要的程序与麻烦，节约了村民的时间。这种"一窗式"综合服务模式，最早就是怀柔区率先在区内的城镇和乡村社区进行试点的，每个社区都有社保人员常驻在社会管理服务中心为居民办理业务，后来怀柔区把社会管理服务中心作为区里的办事特色推上了北京市，市里觉得这个模式不仅节约时间，还大大提高了办事效率，进而在全市范围的街道和社区进行推广。可以说，芦庄村社会管理服务中心是后来发展提升的一站式办公或服务大厅的原型。

15 芦庄与葫芦文化

社会管理服务中心

卢主任说,红螺山下原来是没有芦庄村的,芦庄村是后来搬来的村子。据传说,明清时期,有一位姓范的内阁大学士死后安葬在了这里,于是人们一开始都称这里为范阁老墓,后来,范阁老家族里的一支来到这里为祖先守坟,小小的村落便因此慢慢壮大起来,村里的人数也越来越多,逐渐形成了一个有规模、有体系的村庄。按理来讲,范氏家族在这里聚集,村子里姓范的人家应该是最多的,这个村子也应该叫范村,为什么最后叫了芦庄村呢?卢主任告诉我们,原来村子里的确是范姓人最多,可后来有一天,有两个姓卢的兄弟,他们带着全部的家当,离开山西老家,打算到外面闯出一片属于自己的天地。他们翻山越岭,跋山涉水,最终来到了这个被群山环绕的地方。不过,兄弟两人不想定居在同一个地方,

袅袅炊烟在浅山：京郊村落记忆 ｜怀柔卷

于是他们一个留在了现在的芦庄村，另一个落户在了怀柔区庙城镇的高各庄村，分开两地发展起来，所以如果想要追根溯源的话，芦庄与高各庄在几百年前其实是一家人。后来卢氏发展得越来越快，范氏却因为各种原因没有发展起来，卢氏家族人口数逐渐占据了上风，最终超过了范氏的人口数，成为村里人口最多的姓氏，村子在后来也因此被称作了芦庄。

村里现今有300户人家，和之前去过的红螺镇村差不多大，村里的大部分人都相互认识，往上追溯几代也许还是亲戚，大家每天都会在晨光熹微中相互打招呼，开始或是忙碌，或是悠闲的一天，如果谁家有困难了大家也会相互帮衬，就算是后来搬入这个村子的人，大家也都会快速接纳并把他们当作这个大家庭里的一分子。俗话说得好，远亲不如近邻，居住生活

民居与葫芦

在芦庄村里的人们既是亲戚，也是邻居，不论是血缘亲还是邻里情，都把大家很好地维系在了一起。

说到芦庄村的发展，与怀柔大多数浅山区的村庄一样，都面临可耕种土地较少、需要打井引水等问题，因此一开始靠的是国家对农村的扶助，种植山果林木是村民的主要经济来源。1995年开始，随着乡村旅游、农家乐的兴起，芦庄村也借助长城、红螺寺、板栗、虹鳟鱼等资源，让乡村快速发展起来，1995年到1998年是芦庄村农家乐旅游最火的3年，之后借助北京2008年举办奥运会的契机，从2003年到2006年芦庄村又迎来了4年的火红，其间在2005年到2006年，村里各家各户进行了自来水改造，让村民在家中就可以直接喝到水，进一步改善了村庄基础设施条件。也许对于很多人来讲，一提到怀柔，就会想到板栗和虹鳟鱼，可现在物流兴起，想吃板栗和虹鳟鱼也不一定要去怀柔吃，这种仓储物流方式的改变，在一定程度上影响到了怀柔的旅游产业。芦庄村的农家乐也从原来的119户缩减到现在的30多户，这些依然坚持的接待户，也是经过了不断地翻建，以适应游客的新需求才活了下来。人们都说旅游是国家经济社会发展的晴雨表和风向标，村里的发展和国家同期的经济发展是密不可分的。进入新时代，随着互联网和移动支付等技术的发展，人们的消费观念和消费方式发生了很大改变，进而也迫使村里的农家乐、乡村旅游产品以及乡村面貌发生改变。但从另一方面来看，位于北京郊区的乡村要特别清楚地知道自己的定位和优势是什么，要了解现阶段游客来乡村旅游的主要诉求是什么。也许只有充分了解和认识到乡村与城市的差异和联系之后，才能更好地定位与发展。芦庄村也正是认识到这一点，一方面加强乡村社区建设，改善村民生活条件，加强对村庄老年人的关心关爱，不断提高村民的获得感；一方面挖掘和打造自己独特的乡村葫芦文化品牌。

我们当初还没进村，就被村子外面各色的葫芦雕像吸引了目光，芦庄村取村子的谐音"芦"字，联系到了在中国百姓心中占有一定地位的葫芦，于是把葫芦作为了村庄文化的符号，停车场墙上的一首《葫芦赋》与

村口的壁画（组图）

15 芦庄与葫芦文化

停车场前的壁画

村口的《葫芦情》遥相呼应,在各家各户和公共空间的外墙上都用葫芦作为载体,进行各种创作。村里主打福禄寿(葫芦文化谐音)品牌文化,在村里的文体活动空间上,建起了芦庄老年活动室,紧邻活动室的就是一间芦庄工艺葫芦展厅。

葫芦作为一年生攀缘草本植物,因其栽植广泛、藤蔓枝叶繁茂、挂果多、果实内多籽且外形好看而备受中国人民的喜爱。长相好看的葫芦,圆滚的身体,翠绿的外壳,顶着一根长长的藤蔓,带着宽大又扁平的绿叶,自由穿梭于人们家中的房梁之上,瞬间把屋子映照成了一片绿色的海洋,

袅袅炊烟在浅山：京郊村落记忆 ｜ 怀柔卷

《葫芦赋》

活动中心

把遮阳与美观完美地结合在了一起。葫芦不仅长得漂亮,其所蕴含的文化意义也是丰富多彩的,民间多把葫芦读作"福禄",光是听起来就很喜庆,人们在结婚和举办寿宴的过程中,总把葫芦当成寓意吉祥的图案画在被子与衣服上,一是希望老人长寿、身体健康,二是期盼新婚夫妻早生贵子,子孙绵长,繁茂吉祥。

"葫芦娃"

袅袅炊烟在浅山：京郊村落记忆 | 怀柔卷

通过查找文献发现，葫芦作为一种植物，早在新石器时代就已经为人类所掌握。中国古人对葫芦日渐喜爱，并转化为一种葫芦文化，一方面是因为葫芦与福禄谐音，以及其自身具有多果多籽、藤蔓绵长的特点和中国传统文化中美好寓意相契合，另一方面，也取决于葫芦的实用价值。葫芦进入人类社会，在于其不仅能食用，而且是一个很方便利用、改造和携带的器具。葫芦在古文中有"匏（páo）"和"瓠（hù）"之称。前者特指球体的葫芦，其最广泛的用途是做水瓢，民间将"匏"俗称瓢葫芦；后者是长圆形的一年生草本植物的果实，青色嫩时可食，俗称"瓠子"。西汉《氾胜之书》记载了种植栽培葫芦（即匏）和用葫芦制作瓢的方法。在《齐民要术》中有"瓠种"的记载，葫芦可以用于盛放农作物的种子，是

特色民宿（一）

古人一种独特的"瓠种"播种形制农具的主要组成部分。也正因为葫芦在中国古代是一种实用的器具，后来由此衍生出不少的葫芦文化及其寓意。中国源自周代的婚礼仪式上，男女新人进入洞房后必不可少的一个礼仪就是要喝合卺酒，这个"卺"就是用匏制作的瓢，即把一个匏瓜剖成两个瓢，新郎新娘各执一个，合匏后方才完成婚礼的所有仪式。这一习俗一直延续到宋代，此后才转化为喝交杯酒。

特色民宿（二）

芦庄把葫芦文化作为村庄主打文化，也是希望能带动乡村文化旅游的发展。其实，工艺葫芦的制作需要有手艺，有创造精神。据介绍，在芦庄村旁边有个红螺书院，是北京大学艺术学院的一位博士后发起建立的。作为全国较早的艺术介入乡村项目，红螺书院的出现拉动了乡村文化产业发展。村里希望能借助红螺书院，吸引更多艺术家和相关艺术产业来村里落户，并带动村里的小孩子们学美术，进而将工艺葫芦产业做起来并传承下去。

16 亓连口关与莲花池村

在翻阅《怀柔县志》的相关内容时，总是能看到莲花池的名字，因为北京城有一个莲花池公园，那是和北京城的建立有着密切关系的地方，是辽金时期北京城重要的水源地。而怀柔的莲花池又有怎样的故事呢？据了解，莲花池村，20世纪90年代属于范各庄乡，进入21世纪后经过行政区划调整，现属于雁栖镇。莲花池村与两个重要地名有关，一个是长城的亓连口关，一个是莲花泉。位于莲花池村的亓连口关在《四镇三关志》记载："亓连口关。永乐年建，通大川，正关水口宽漫，通众骑，极冲。黄草洼、南山墩、东敌台三空，通单骑，冲。迤西各墩空，通步，缓。"它是明代蓟镇石塘路长城起点，明初大将徐达曾在亓连口关击败元兵，按规制原有堡城1座。1933年9月，吉鸿昌、方振武两位将军率抗日同盟军分别经亓连口、河防口、大水峪入关；20日，进入怀柔，召开大会，通电抗日。1958年，修范崎路时将关口拆除，现仍存遗迹。而莲花泉则是据《怀柔县志》记载：位于莲花池村河西的山脚下的莲花泉，泉水清澈透明，水温常年保持在15摄氏度左右，涌水量0.2立方米/秒，常年不息。泉水喷出时形成一个高达一尺的水柱，水花四散，形如白莲花，故名莲花泉，村子也因之得名莲花池村。1949年村民用炸药炸大泉口，想增大泉水流量，结果泉口扩大，压力变小，莲花状的水柱亦消失了。

莲花池村的地理位置非常独特。一方面这里是明代长城四镇中与北京段密切相关的蓟镇与昌镇的连接转折点，往东是蓟镇石塘路，往西是昌镇黄花路，站在村庄的高处远远西望，隐约看到的敌楼就是慕田峪关，那里是昌镇黄花路管辖的地界了，而亓连口则属于蓟镇石塘路管辖。明代，军事机构有镇、路之分，这里正好是两镇两路分管的节点。可以说，亓连口关是石塘路西端的第一道关口。另一方面，目前莲花池村是雁栖湖国际会都会议用水的重要水源地。

16 亓连口关与莲花池村

莲花池村远眺

 袅袅炊烟在浅山：京郊村落记忆 ｜怀柔卷

莲花池村与长城

  2018年大雪节气过后的一天，我们来到了莲花池村，尽管天气比较冷了，天倒是很透亮，大家满怀着对长城和村庄调研的热情前行在范崎路上。到达莲花池村后的第一站就是去看亓连口关。应该说这一段的长城还是保留着一些原始状态，比较陡峭。我们沿着石质步道往上一边走着一边观察着两侧的情况。远处的敌台在旭日中像披着金甲的卫士守护在那里，村庄就在山脚下，也是在长城脚下。由此，我们想到是不是北京长城沿线的村庄可以共同打造和拥有一个品牌：长城脚下的美丽乡村。

16 亓连口关与莲花池村

范崎路

莲花池村长城的石质步道

远望长城敌台

进入村庄后，我们先去村委会了解了一下村庄的基本情况：全村有136户人家，365口人，村庄的主要产业与怀柔浅山的其他村庄一样，以板栗为代表的干鲜果品生产、虹鳟鱼养殖和乡村文化旅游为主休。该村为了发挥党员同志的先锋模范作用，对有共产党员的家庭挂"共产党员户"，亮明身份，接受监督，以身作则带好头，促进莲花池村的发展。杜奶奶家就是其中一户。

在与杜奶奶交谈的过程中进一步了解到，在成为旅游村之前，村子靠矿泉水厂、板栗加工厂带动经济发展。村子里60岁以上的老人都有养老保险，看病也不要钱，看病得去县城，不过只需要坐大概半小时的班车就能到县城，还是很方便的。村子里当时还没有建老年活动中心，有些基础设施服务水平还有待提高，村里人口结构以老年人为主，没有多少年轻人留在村里，村里没有小学、初中，适龄儿童上学要去雁栖镇。随后，我们在70多岁杜奶奶的带领下，来到由她儿媳妇经营的民宿。据她儿媳妇自己描述，她是1991年从怀柔的另外一个山村嫁过来的，目前有两个女儿，大女儿已经在工作了，小女儿还在上学。对于自己所经营的农家乐，她很是自豪。因为她的主要精力都放在经营上，也没有额外雇人，饭也是自己做，没有额外请厨师，算是典型的家庭式的经营方式。据了解，莲花池村民俗接待户是从2010年左右开始出现的。北京市在2010年为了有效促进和规范乡村民俗旅游接待户的行为，颁布了《北京市郊区民俗旅游接待户评定标准》，当时村民都有很高的积极性和热情，各级政府也都大力支持，杜奶奶的儿媳妇也是借着这股东风，在2011年改造了自己家的院子，开始经营。起初经济效益还是非常好的，游客接待量在2014年达到最高峰。

在村子入口处，有一栋特别的二层小楼吸引了我们的注意，红砖与水泥和石头胶合在一起的外立面，内外镶嵌的圆形窗户，并有一个与这栋建

16 沿口关与莲花池村

村中民居

莲花池村貌

袅袅炊烟在浅山：京郊村落记忆 ｜怀柔卷

筑很相配的名称"莲石山房"。民宿的主人冬玲女士，之前做景观设计，而且是专攻石头素材的景观设计师。在一次与朋友的闲谈中，她起意一起租个院子将自己对石头的感悟和美展现给更多的人，同时也给自己找一个心灵归属地。于是，几个朋友就在莲花池村做起了"莲石山房"。房子的整体造型、室内装置、庭院设计，都围绕着石头来进行，圆形的轩窗将石头的力量与圆润完美地结合在一起，石质与陶土烧制的花器配上一株小花，清雅幽静的田园风，显出主人宁静致远的心态。

也许现阶段很多人都想在大城市的郊区寻到一处院落，翻建成民宿，一方面可以自己调配自己的时间，自主经营获取收入；另一方面，时间自由了，就可以享受乡野幽静的生活。于是乎，各种民宿如雨后春笋般兴起，就像"雨山前"的经理人逸凡所言，每一个市场的形成都要经历从无

莲石山房

16 亓连口关与莲花池村

莲石山房夜景

莲石山房的石质小轩窗

莲石山房室内小景观

序到有序,从无标准到有标准的过程,民宿也不例外。民宿就是一个小型的有乡野特点的酒店,需要有吸引客人的特质,还需要不断推陈出新才能保持吸引力,所以有特色的建筑固然很重要,但民宿的打理和维护更为重要。目前线下以朋友圈为主要渠道的营销手段,在一定程度上铸就了民宿的圈层消费特点,这一点也是大家的共识。其实,只要是兼有经济使命,就很难做到悠然自得,无论是在喧闹的城市,还是在安静的乡村,认真生活最重要。

17 局里村的故事

袅袅炊烟在浅山：京郊村落记忆 | 怀柔卷

　　第一次看到"局里"这个村名的时候，不由就联想到北京话里有一个词叫"局气"。说一个人大气、没有私心、问心无愧地做事儿，那就叫"局气"。当时还想到的就是这个"局"是什么意思？是与皇家的哪些办事机构有关吗？带着这些问题，我们来到了位于怀柔区九渡河镇的局里村。

　　在公路上远远望去，看到一处白墙灰瓦的建筑，还有一些低矮的房屋掩映在大面积的绿意中。一开始，我们误认为白房子就是村庄，走到近前一看，是一个别院，没有打探出什么情况，只好悻悻然往回走，不过右转后看到了通往村庄的一条大道。

怀九河与局里村远景

17 局里村的故事

走进村庄，只见街道干净整齐，村西边有一条栈道，应该就是沿着怀九河修建的游憩步道了。通往村里的南北向道路在一个路口与东西向的道路邂逅，形成了村中心的一处小广场，东南方向有一棵高大的果树，已经可以看到青色的带着细白绒毛的果实挂在树杈上，村民们在树下三五成堆

村边的步栈道

 袅袅炊烟在浅山：京郊村落记忆 | 怀柔卷

乡村生活场景

17 局里村的故事

地坐着，或打牌，或闲聊，还有一位女士在纳鞋垫儿，这才是农村最常见的画面。

在与村中一位年近60岁的老人的交谈中了解到，局里村在历史上曾经是给皇家造币的地方。具体是什么情况，老人也说不太清楚，只是说有一次去镇上看到过一个材料上是这么写的。于是，我就先行记下。从局里村出来后，我们就去往九渡河镇找寻材料。结果我们在镇文化旅游服务中心遇到了李主任，收获了由怀柔区政协文史资料委员会和中共怀柔区九渡河镇委员会在2009年6月编写印制的一本《探古寻幽九渡河》。关于与李主任的交流内容，将放在本书介绍的五彩九渡河镇部分写。

据记载，局里村成村于明代，村内曾设宝钞局，开炉铸钱，故名局里。明隆庆《昌平州志》称该村为"局里"，这个村名从那时起一直延续至今。从行政隶属关系上来看，自明代到民国初期，局里村都隶属于昌平州。抗日战争时期，局里村先后隶属于中共领导的滦昌怀、滦昌怀顺、怀顺等联合县。自解放战争时期至今，局里村就一直隶属于怀柔。村里曾有明代时期的老爷庙、菩萨庙等，现已废弃。有两棵古树，一棵古柏，一棵古槐。古柏有300年的历史，为怀柔区一级古树。

与老人的对话就围绕着局里村的特点展开。通过天南地北地畅聊，我了解到原本这里地方小，祖先建村前就有几家猎户，周边村庄多、散、小，后来逐步整合，建制后，人口逐渐增加。为什么这里早期的原住民是猎户呢？因为这里有一座大羊山，按照老人的话来讲，大羊山在局里的南边，是北京往北的第一山，据说清代某位皇帝曾在大羊山找到一位出家人，让这位出家人在大羊山上的古刹中代其出家。在村里人的眼里，大羊山古庙比红螺寺还红火，后来被日本人烧毁了两次，再也没有复建。大羊山上曾有不少高大的枣树，还曾有不少野生山树，在古庙附近也曾有不少

5个人都围拢不过来的古树，后来因遇旱灾和自然山火都没有了。我查了查，大羊山位于昌平区与怀柔区交界处，最高的山峰海拔有859米，属军都山系。附近山间有铁、钛等金属矿。关于大羊山，还有一个传说，是讲杨六郎率领兵将抗击辽兵，因寡不敌众，退守到此山。饥寒交迫中，杨六郎的战马突然用嘴叼着他，把他引到一处小山头上。杨六郎在此处找到了板栗，于是靠板栗充饥，等到了援军的到来，杀退了辽兵，得胜还朝，故此山也被称作大杨山。

局里村现有200多户，600多人，加上外来人口不到700人。据老人讲，在他小的时候有走高跷和逛庙会等活动，当时有一个传统，就是九渡河村唱戏、局里村出练武的把式、渤海所走高跷，现在都没有了，主要是没有传承人。在他的印象中有一位特别热爱唱戏的老奶奶，据说在吉寺村生活了很久。

至于说到局里村的特产，板栗和核桃是主要经济作物。从老人那里听到一个词，叫独产区。早先九渡河镇是怀柔板栗的独产区，品质最好。慕田峪、沙峪村这一带的板栗也都是出口为主。怀柔板栗，通称燕山板栗。1933年，全县产板栗5万千克，1947年全县产板栗4万千克。中华人民共和国成立后，怀柔板栗产量及出口量占全市总产量及出口量的70%左右。怀柔板栗的产区主要分布在沙峪、三渡河、黄坎、黄花城4个乡和范各庄、北宅、怀柔镇等乡镇的部分村。传统品种有大粒型和小粒型的虎爪栗子，前者白露节气前后成熟，俗称早栗子；后者秋分节气前后成熟，俗称晚栗子。其特点是个头大、易剥皮、含糖量高。此外，老人还提到，在他的概念里，怀柔草场村的鸭蛋、鹅蛋比较出名，有油，吃着香。

村里土地少，没办法种粮，种菜的土地都很少，吃菜吃粮都需要买，只能种点玉米、豆子、高粱，所以玉米面不用买，其他都需要买。现在村里人大多数从事乡村旅游，获得一些工资性收入。村里和附近有农家乐和餐馆，村里人去那里打工，每个月有3000元左右的工资性收入，并给上意外保险，办健康证。不过一般是做季节工，冬季就没有人了。怀柔山区的旅游旺季是从3月1日到10月底或11月初，季节性还是很明显的。

告别了老人，我们往村里走走看看，发现村里的文化墙很有特点。有一面影壁墙，上面制作了宣传社会主义核心价值观等内容，还有一面长长的墙上，将中华优秀传统文化中的"孝""义"等内容通过图文形式展示出来，起到宣传教育的作用。

社会主义核心价值观宣传墙

局里村的文化墙

村里的房屋，基本是砖石结构，红砖为主，除了修缮比较好的民居外，还有若干的民宿。有一个名为"岚山苑·沐秋"的院落里布置有水塘，可爱的"大黄鸭"停靠在水里，鲜黄的颜色很是吸引人。最有特色的一个院落，是由北京市建筑设计研究院结对帮扶怀柔局里村建造的"素心砖舍"。

17 局里村的故事

"素心砖舍",顾名思义,就是以砖为主要建筑材料建造的房屋。一眼望过去,红墙灰瓦,很是醒目。大门进去,前方正对着一个山泉景观,南侧是会客厅兼餐厅,庭前有一个露天的会客休息区,北侧由4个相对独立又连在一起的小院组成,红砖绿篱,看似简单的小景观,却透着一种生机与顽强。

"素心砖舍"

袅袅炊烟在浅山：京郊村落记忆 | 怀柔卷

山泉景观

17 局里村的故事

"素心砖舍"的庭院

 袅袅炊烟在浅山：京郊村落记忆 ｜怀柔卷

院内小景观（一）

17 局里村的故事

院内小景观（二）

据报道，2018年前，这里还是一个面积约1500平方米的废弃场院，由于闲置多年不用，久而久之成了附近村民堆物堆料的场所。2018年，在村干部的积极推动下，在上级部门的关心下，局里村与北京市建筑设计研究院结成帮扶对子，双方协商，达成了村里出场地、对方投资建设民宿的协议。随后,北京市建筑设计研究院投资改造闲置场院,建起建筑面积500平方米的民宿院。民宿院竣工后,北京市建筑设计研究院将院落作为帮扶村里的一项产业无偿交给村里。村里考虑缺乏经营管理人才,便将民宿院的经营管理权交给了素心小筑(北京)文化旅游管理有限公司,实现了建管分离。局里村将乡村废弃场地和荒芜房舍转化为文化旅游资源,实现强村富民的做法,值得总结推广。

18 吉寺村的传说与民宿

袅袅炊烟在浅山：京郊村落记忆 ｜怀柔卷

九渡河镇有一个吉寺村，相传与杨延昭有关，民间一直流传着"隆吉古寺马刨泉"的故事。在镇文化旅游服务中心李主任的帮助下，我们联系到了住在吉寺村的陶教授。于是，吉寺村的传说和现如今的发展就在我们面前缓缓地拉开了序幕。

吉寺村与怀柔的大多数村庄一样，成村于明代，因村中建有隆吉古寺而得名。明隆庆《昌平州志》和清康熙《昌平州志》记载：该村名为"鸡茨"，其来历和寓意不清楚。清光绪《昌平州志》记载：该村名为"吉寺"，沿用至今。

吉寺村是一个美丽的山村，位于怀柔区西南部怀九河北岸的吉寺沟内，村庄三面环山，只有东南一条柏油路至黄坎村，与怀（柔）四（海）路相接，村域面积13平方千米，有吉寺、雁崖两个自然村，吉寺为主村。[1]

吉寺村内曾有两座寺庙。一座是关帝庙，因位于村内东部，村民俗称东庙。另一座是菩萨庙，称隆吉古寺，因位于村落西部北山根的一座高台上，村民俗称西庙。东庙和西庙是吉寺村两座标志性建筑，东庙前的戏台，过去经常唱戏，但人们发现，每当唱戏时就爱"闹天儿"，不是下雨，就是刮风。后来人们传说是西庙闹的，西庙的神妒忌东庙唱戏，用下雨刮风来捣乱，因此就出现了"东庙唱戏西庙争，不是下雨就刮风"的民谣。

那个与杨六郎有关的"隆吉古寺马刨泉"的传说是村民口中久传不衰的故事。传说北宋名将杨延昭（杨六郎），带兵征战辽邦，路过古寺，当时是人困马乏，口渴至极。于是，杨六郎对自己的战马说，如果你能找到

---

[1] 参见北京市怀柔区融媒体中心：《"怀柔村史"拥有许多传说的革命老区——吉寺村》，2020-01-13 17:36 https://baijiahao.baidu.com/s?id=1655605227058211572&wfr=spider&for=pc。

18 吉寺村的传说与民宿

水就让你先喝。战马好像明白了主人的意思，便在村南山根处三蹄子刨出了一眼泉水，这就是后来村里的"南井"。传说马刨泉涌出的水量很冲，而且感觉越来越大，长此下去恐有水患的危险，于是，村内一王姓财主将一口金锅扣在了泉眼上，控制了出水量。毫不夸张地说，大旱之年如果没有这口南井，全村人将无法在这里生存。为此，吉寺村人对传说由马刨出来的这口井呵护备至。

经过上百年的变迁，吉寺村村里现在还留有一段女儿墙，"隆吉古寺"的字样以及墙头的兽首、瓦当和滴水上的莲花图案都非常清晰，穿过一个月亮门，内侧的土墙和墙上的茂茂草像是在向来人诉说着古村的历史故事。

隆吉古寺的牌子

袅袅炊烟在浅山：京郊村落记忆 ｜怀柔卷

墙头的瓦当

瓦当和滴水的花饰

村里的老房与屋顶的瓦松

村中院落外墙

村里有一条老街，还有一条沿着河滩扩展出来的大道。行走在村庄里，感觉村庄很大，不经意间在某个转角处遇到一栋透着古韵的房屋，屋顶上有瓦松（有的地方也叫太岁草），一看就知道这个房子有一定年头儿了。跟着陶教授兜兜转转地走过了几个民宿，遇到了几个租住在村里的特殊村民。

"泡桐小院"。2017年建成，是九渡河镇第一家民宿，由一个青年人主理的主打怀旧风的民宿，就是把用各种方式收集来的不同年代的一些老物件装饰在民宿中。在我看来，这家民宿也相当于个人收集的老物件博物馆。

"泡桐小院"

18 吉寺村的传说与民宿

"泡桐小院"内景观　　　　　　　　　　　撞铃

　　虽然小院叫"泡桐",但院里并没有种植泡桐,也许起这个名字有其他的原因。院落不大,是一个二进院落,院子里的小景观也是利用村里的砖瓦和物件的组合,倒也显得别致。在房间出口的地方,挂着一个重重的铃铛,陶教授告诉我们,这叫撞铃,是专门给骆驼用的,一般挂在驼队最后一头骆驼的身上,骆驼走起来,发出"咣铃咣铃"的声音,让队伍前后有一个照应。

　　小院房间的整体装饰是古朴的,据说是利用了一种叫草金泥的装饰材料,灯饰是斗笠,墙通过砖和瓦的结合分出层次,且很有艺术性。房间的卫生间是现代的,这种古朴与现代的结合,也是当代民宿为适应现代人对生活品质的追求,同时也在一定程度上为改善乡村生活卫生习惯而做出的改变。在小院众多收藏的物件中,有两件东西非常特别。一个是带有古代

铜钱镂空花纹的窄长木板,它放在凳子与墙之间的角落里。一开始没有注意到,经陶教授提示,我才看到它。询问之下,才知道这个木板在中国古代是乡村居室内用在灶台与炕之间的隔板,而上面镂空的空隙,则是坐在炕上的婆婆监视做饭的儿媳妇是不是规矩的望孔。婆婆在炕上,灶台是儿媳妇的活动天地,婆婆可以通过隔板的细孔,看到儿媳妇的活动,掌握儿媳妇的一举一动。这反映了中国古代农村的婆媳关系。

婆婆监视儿媳做饭的隔板

还有一个物件，是一个挂在厅堂墙上的男用黑色公文包，公文包的正面右下角有两行字，上一行是汉字"北京"，下一行是拼音"Beijing"。看到这个公文包，不禁让人想起从20世纪50年代到90年代，中国男性公职人员的标准装束——"蓝色中山装+左上衣兜的钢笔+黑色公文包"。而那时候拥有这样一个公文包，就像现在拥有一个显示身份的女包一样。一个反映不同时代的标志性物件，带来的是半个世纪的回忆。

20世纪50—90年代的公文包

袅袅炊烟在浅山：京郊村落记忆 ｜怀柔卷

  "晓de"民宿。这间民宿位于连接老街与河滩大道的横街上，是一间典型的北方四合院。民宿的主理人是浙江人，在北京工作已经有20多年了。他自己是从事精装修的，工作之余一直在找合适的院落。我问他找院落的目的是为了自己经营挣钱吗？他说不全是，最主要的是他有一种情怀，因自己家在农村，后来在北京工作生活了20多年，时常还是会想家，

"晓de"民宿一隅

所以，想找到这样一个典型的北方乡村四合院，通过自己的设计与装修，把苏浙一带的园林要素与北方，特别是北京地区的院落结合起来，让北京城市居民和世界人民都能感受到中国古村落的魅力与美好。这是他一直坚持的一种情怀和追求。机缘巧合之下，他找到了这间位于吉寺村的院落，实现了他的愿望。现在的院落外形保存很好，内部进行了整修，院里挖了一个戏水池，孩子们喜欢的"大黄鸭"安静地卧在池边，因为刚有客人离开，房间和院子都还没有收拾好，主人不希望我拍照，于是就只拍了一张。其实在我看来，稍微乱一些也没什么，多有生活气息呀。这间民宿有5个房间，据主人说房间的名称是请一位有文化的朋友，根据房间的装修特色和功能起的，像"怀月""栖泉斋"等。民宿还建有地下活动室、KTV和乒乓球室，与酒店一样，12点退房做保洁，2点入住，有自己的营运和保洁团队。

"宽度时光"。说起这间民宿的名称，主理人刘先生说，人的一生长度有限，所以要过好每一天，拓展宽度，就起名叫"宽度时光"。这是一群老北京人，发起人原来是做IT行业的，快退休了，2019年找到了这个院落，看中的是屋后与道路相连接处有一棵高大的核桃树。他租用后修改了上下水和房间的设施，在院子里种了葫芦架。刘先生认为城里人来乡村做民宿，是新时代的城市反哺乡村，城里人返回乡村，投资修缮那些荒芜的院落，减弱乡村空心化带来的乡村问题，为村里人提供新的就业机会，像小时工这样的工作非常适合需要就近照顾家人的乡村女性，像房屋维修、维护等，也适合不想出门打工的乡村壮劳力。目前，这里主要是朋友和同学一起活动的地方，有6间客房，能一次性接待18人，可以一起做做饭，还有活动室，未来可以一起养老，做个老年人餐厅，也可以组织个笔会，高高兴兴、健健康康地度过退休后的时光。

村里的场景

18 吉寺村的传说与民宿

"五柳山居"。五柳山居的主人就是陶教授,教授82岁了,教美术和民俗学。看到这个名字,不由就想到东晋田园诗人陶渊明。陶渊明,因宅门前有5棵柳树,自号"五柳先生",言明自己有三大志趣,一是读书,二是饮酒,三是写文章,并写下《归园田居》的组诗作品,其三是这样描写的:

种豆南山下,草盛豆苗稀。
晨兴理荒秽,带月荷锄归。
道狭草木长,夕露沾我衣。
衣沾不足惜,但使愿无违。

这也是陶教授的心理写照。老先生在屋后迎着道路的位置建了向日葵园圃。入户门的门楣上覆盖着草棚,很有草堂的意境。小院内种着一些小葱、驱蚊草等植物,不像其他民宿那样有设计感,更像是老先生自己的家,有着浓浓的田园气息的家。陶教授说,乡村比较凉爽,村里住着舒服,接地气。院子里有一只小狗,是在路上从一个修路用的长管子里解救出来的小生命,估计它知道自己得救了,围着陶教授和他夫人,一刻也不离开。说起民宿,陶教授说怀柔的民宿位置有优势,离城区近,交通好,开车1小时就可以到。"煤改电"后,冬天可以用地暖。夏天晚上要比市区温度低5摄氏度左右,很凉爽。有集市的时候逛逛集市,了解世间百态。陶教授在村里居住的时间要长一些,已经和村民们相互熟悉、打成一片了,陶教授自己自趣地说自己就是一个地道的吉寺村人。陶教授建议我们找一些村里的老年人聊聊,多挖掘村里的历史故事和传说,挖掘一些有教育意义或反映美好愿望的传说故事。陶教授对于目前存在的问题,也提出了自己的看法，他认为村庄的管理很重要，村里要与民宿户多沟通交流。村庄还需要进一步绿化、美化，特别是加大河滩大道两侧的绿化、美化。农村就应该有农村的样子。

听了陶教授的一番话，也让我想到，如果从保护古村落的整体风貌出发，村庄还是要进行统一规划，设置标准，让人在村中能望得见山，看得见水，记得住乡愁。

陶教授家的向日葵

19 漫步西水峪村

《四镇三关志》记载:"西水峪口。永乐年建,通永宁南山护炮儿并韩家川,通众骑,极冲。"据此可知,西水峪村的由来与长城密不可分。西水峪口是怀柔境内长城段最西段的关口,修有正城1道,堡城1座,城铺1间,过门1空,挡马墙1道。西水峪口的堡城南北长100米,东西宽46.6米,南向开一门。1974年因修建西水峪水库将关口拆除,1993年因故停工的水库重新开始修建,不过将大坝两头山梁上的长城完好地保存了下来。现如今位于怀九河西支上游的西水峪水库,既是怀柔区重要的水源涵养地,也是怀柔一处独特的旅游景区。

西水峪村步行街标识

19 漫步西水峪村

西水峪村借助长城文化的优势,成为九渡河镇较早开展乡村旅游、设立民俗接待户的村庄。2010—2012年,为了保障游客安全,实现集中接待,村庄通往景区大门的主街道变成了步行街,村里的车如果需要运货,也可以开进去,如果没什么事,就都停在停车场。步行街建起来后,整条街的住户就做起了农家乐。现阶段受到旅游业态结构调整和人们对吃住条件要求不断提高的影响,原来以旅行社组织的一日游团队接待吃饭为主的农家乐无法再吸引游客,开始变得越来越不景气,客源没有保障,加上价位设定不合适,之前发展迅速的农家乐出现了衰退迹象。于是,有的农家乐经营者把房

步行街远望长城

袅袅炊烟在浅山：京郊村落记忆 ｜怀柔卷

子租了出去，有的转做其他生意。

　　漫步在步行街上，可以感受到旅游文化对街巷的影响，街边放置的用树木做成的装置艺术品，墙上用汉白玉雕刻的长城装饰砖画，烧烤专用的炉子，每一个元素都像是一个幌子、一个符号，向每一个路过的游人发出邀请。

街边的装置艺术

19 漫步西水峪村

墙上的"长城"

烧烤用的炉子

泉泉炊烟在浅山：京郊村落记忆 | 怀柔卷

在走访过程中，我们发现了一条小巷。这条小巷有一面非常特别的文化墙吸引了我们，那是一排排灰色的瓦片钉在木条上装饰着灰色的砖墙，瓦片上书写了一首《溪水人家赋》。这"溪水人家"是一家市级民俗接待户，就在小巷的尽头。"溪水人家"院子的门是开着的，迈进院门，就看到一只可爱的大布偶从左手边的客房窗户中探出头望向你，往右手边看，只见墙上有一个篮球筐，墙上写着这家院子能提供的住宿餐饮接待项目。再往两边看，发现这是一个非常有自己特色的院落，正对着大门有一个长长的楼梯，院子很安静，不知道主人在不在，于是我们大声地询问着，一会儿就从上面下来一位穿着灰色长布衫的男子，这就是"溪水人家"的主理人，一位喜爱中华传统文化，爱写诗、爱书法的民俗专业户，笔名叫王远。

"溪水人家"的入口

19 漫步西水峪村

布偶装饰

"溪水人家"的目录

一层院落（组图）

简短的寒暄过后，王远就带着我们去参观他的空中庭院，拾级而上，发现这个庭院是围绕着院子里的老核桃树修建的，家里还有一棵枣树，都很有年代感。两棵树是院子的轴心和灵魂，特别是这棵老核桃树，有12米高。沿着老核桃树搭建平台后，建了树屋"神仙居""老核桃餐厅"。二层的空中庭院种着各色植物，视野很好，向外望去，可以看见远处的长城垛子。

二层平台

19 漫步西水峪村

老核桃餐厅

袅袅炊烟在浅山：京郊村落记忆 | 怀柔卷

树屋远眺

在与院落主人交谈中了解到，他是从他父亲手中接过的这个院子，2009年之前，他在城里工作，学外贸、会计出身，后来自己自学了平面设计，又干了10年的平面设计。2009年，因为父亲想改造经营多年的一晚可住40人的农家乐，于是他从城里回到西水峪村接替了父亲的工作。因为他家的宅基地面积不大，只能向上发展，2010年建好了一层的院子后，又陆续搭建了二层平台和树屋，他给"溪水人家"的定位是文化民宿，也是基于他自己对中国书法和诗词的喜爱，他希望在他的院落中，把长城文化、家国情怀与客源、市场有机结合。因为喜欢书法，他就自己把《道德经》《千字文》等古文抄写成长卷，进行影印，做成木牌，放在客房、院落作为装饰。因为喜欢写诗，他自己创作了10本诗作，并把自己创作的咏长城的诗句做成字画用来装饰房间和院子。他还喜欢毛绒玩具，于是把生态各异

节气转盘

主人自己写的长城诗句

的布偶放在客房,让客人觉得很温馨。在他的院子里,能感受到浓浓的传统文化氛围。他还把传统文化转化为游戏,寓教于乐,墙上的二十四节气转盘、楚河汉界象棋、长城诗句,处处体现着他对中国传统文化的热爱。

王远和他的书法长卷

19 漫步西水峪村

对于王远来讲,他自己对做旅游接待有自己的认识和判断。他认为乡村民宿与做酒店一样,过一段时间就要重新进行装修,如果不重新装修就会落伍,就没有了吸引力。一方面是设施陈旧需要更替,另一方面是人们

院落布置的一种人生

的审美和对生活品质的要求发生了改变。在他看来,大的酒店一般10年要重新装修一次,而民宿至少5年就需要重新装修一次。农家乐的话,他认为差不多3~5年就需要重新装修,但现在的农家乐是真的没有什么市场了。所以,他认为经营好民宿是需要不断进行投资和更新的,从市场来看,民宿就是一种圈层消费,朋友圈口口相传,为圈层朋友提供聚会的场所。如果仅靠市场,没有圈层消费,民宿也是很难有收益的。

荣誉牌

和王远告别后出来,回头看到院子里的一处场景:一个木质的桌子上摆放着围棋盘,4个小木质板凳静静地守候在那里,等待着一壶清茶、两个散人的对弈,也许旁边还有围观者,也许这是一种回归田园的意境,也许这也是一种院落主人的生活态度。

20 圣泉山下的口头村

  我对口头村的关注，还是来自对怀柔河流水系的关注，看到有一段文字介绍口头引水渠：位于怀沙河右岸，由口头村西官渡引水，经口头村西至凯甲坟村（现在的凯甲庄村）西山根，绕至凯甲坟村南，由南岗子向东，止于骆驼山，全长2750米。渠道底宽1米，深1.3米，边坡1∶1，控制耕地面积1500亩。引水渠建于1952年，由口头、凯甲坟两村联合修建。1990年春，口头村又投工近万个，从渠首开始用浆砌石向下游砌了980米，使水流更加通畅，灌溉面积不减，效益愈发显著。[1]

  在前往口头村的路上，看到了"圣泉山花海"的指示牌，对口头村的认识又进了一步。来到村口，就被水声所吸引，之前到访过的村庄，水都是在村外，很少见有水在村里流过，望着村头搭建的流水景观，沿着水渠往村里走，以为就是这样了，谁承想，越往东走水声越大，然后就在村东头看到了真正的口头引水渠。

  村庄的主街道叫古槐巷，我们去的时候正赶上主街升级改造，整齐规划的灰砖灰瓦的四合院建制。询问当地的老人之后了解到，口头村是怀柔有名的民俗村，位于圣泉山脚下，三面环山一面邻水，南接怀柔水库，北依圣泉山，山清水秀，素有"水乡"之称。圣泉山景区的圣泉寺，每到周六、周日人很多。2020年9月被评为美丽乡村。至于为什么叫口头，据老人讲，村南边的圣泉山，之前叫九龙山，村庄正好位于九龙口，口头、口头的，叫习惯了，就成了村庄的名称。村庄规模较大，居住环境比较好，村民都比较富裕。在村头还看到一处养老机构，往里看了看，院子不小。沿着古槐巷往东走，在街巷两侧的墙上看到村史的介绍，后找到村委会，了解到村里建有一个村史馆，通过村史馆，我们对口头村的了解就更为全面了。

---

[1] 参见《怀柔县志》编纂委员会编著：《怀柔县志》，北京：北京出版社，1999年。

20 圣泉山下的口头村

郊区公路

村口的流水景观

引水渠

　　口头村历史悠久，明代中期，弘治年间，第一批移民来到九龙山前，发现山前有条河，河的南侧有一片未开垦的土地，没有人耕种，于是人们便在此地落户。起初迁来的有曹、康、范、朱四姓。曹姓居东前街，康姓、范姓居后街，朱姓居西街。到清朝康熙年间，康、范、朱三姓逐渐消失（战争、疾病迁走与死亡），不过在明末清初时，迁来过赫、张二姓人家，两赫居东西，两张居南北，故此形成了"东西二赫、南北二张、中间曹姓"的局面，尔后李、刘、韩、许、任、马、程、武、杜诸姓相继迁入口头村。京北"曹家大院"显赫一时。据史料记载和科学考证，曹氏院落距今已经有500多年的历史。如今，村子里仍保留着一棵与大院同时期的老槐树，树高18米，覆荫268平方米，胸径需6人搂抱，树内空心，可容4人盘坐。古树郁郁葱葱，见证着这个小山村的沧桑历史。此树现被列为国家一级古树。

20 圣泉山下的口头村

村里的文化墙

村政府的宣传墙

袅袅炊烟在浅山：京郊村落记忆 | 怀柔卷

大柳树

公交候车亭

坊门

锦鲤

袅袅炊烟在浅山：京郊村落记忆 ｜怀柔卷

水景观

口头花会文化源远流长，自明弘治年间至明末100多年里，口头村曾有过少林会、五虎棍、耍幡等。1991年末，由民间花会老艺师将口头花会组织起来，挖掘传承花会的文化艺术，为口头村民俗村的建设提供文化资源。

从村委会出来，我又回到了村东的引水渠，村边的大柳树随风摇摆着枝条，夕阳照在路边的公交候车亭上，树木与柱子的影子投射在后面的白墙上，让我恍惚间有种时间停滞的错觉，似乎周围的一切都静了下来。突然，远处一阵喇叭声打断了我的联想，一辆环卫车从村里开了过来，看来村庄环境的干净整洁是有原因的。引水渠的东侧是一排排的田地，走近发现有一家人正在收割大白菜，询问后得知等春节过后，要统一栽培水稻，打造稻田景观。

对于口头村来讲，依托圣泉山水、圣泉花海，打造"美食+美景"乡村文化旅游，未来的美丽乡村会更加美丽。

21 五彩九渡河镇

袅袅炊烟在浅山：京郊村落记忆 ｜怀柔卷

在探访九渡河镇的过程中，我们有幸遇到了九渡河镇商贸旅游发展中心的李主任，听他系统地给我们介绍了九渡河镇的文化旅游发展历程，应该说这也是怀柔区的一个缩影。

2002年，党委政府把民俗旅游作为主导产业，过去乡镇都是以干鲜果品为主导，传统产业养家糊口可以，但发家致富很难，1997年之前板栗还是比较紧俏的，国家管控严格，且全部用于出口，由供销社以每千克7.8～8元的价格收购，收益还是非常好的。1997年市场放开后，河北遵化等都有板栗了，这对怀柔的板栗产业冲击很大，现在板栗每千克的价格也就5～6元。在此形势下，调整产业结构势在必行。怀柔的优势在于离北京城区近，有长城、山水、寺庙、建筑古迹等丰富的旅游资源，游客在游玩的同时可以品尝农家饭，于是发展乡村旅游就成为产业调整的第一选择。2002年全镇就2家小餐馆、10家在册的农家乐院。那时候，没有什么标准的卫生间，一人20元，大炕，非常简单。周边有名的景区有水长城、金东山景区，游客还不少。吃住是大需求，如果仅是景区，和周边村庄的老百姓也没有关系，带动不了村民一起致富，只有把第三产业搞起来才行。2003年有了乡村接待服务标准，提出院里至少有冲水的卫生间的要求。镇里连续3年给每家农家乐院补助800元，全镇农家乐院从10家发展到200家，农民没有多少钱，也没有多少投入，都是基于自己原有的房屋，稍加改造。这期间也经历了环境污染整治的过程，2004—2005年的无序扩张，到2006年取消了800元奖励补助，开始主推精品户发展，除了要求提高硬件设施配置外，还要求提高接待环境质量。对软环境提要求，并给予一定的激励机制，如达到要求的精品户奖励1000元、精品户村奖励5000元。又发展了3年，精品户内部自身进行了淘汰，与前3年从数量上几乎持平，不到200户，但质量明显提升了。

21 五彩九渡河镇

九渡河镇

为了激励提质升级改造，北京市农委、市旅游局都给予奖励，对于市级民俗户，统一奖励床单、被罩、小冰棍儿等。2015年开始评比星级民俗村。从2015年开始，到2017年成型，两年之内九渡河镇发展出了99家民宿。

李主任说，农村与城里，包括山区，有大量闲置农房，如果放任不管10年就都塌了。盘活民房和废弃的场地，一是可以增加收入，民宿也是要纳税的，上税给国家；二是可以增加人气，尽管多数民宿不用给集体交钱，但它带动了地方的活力。民宿风格各异，像"泡桐小院"一开始就非常具有带动作用，是怀旧风，现在看起来也许不是最时尚的，但让城里人来这里，回归20世纪六七十年代。九渡河镇18个村，吉寺村之前旅游资源

非常匮乏，交通也极不方便，是一个死胡同，断头路，加上水资源匮乏，没有河，吃水靠打机井，村庄规模大，1000多人，600多户。现在拥有30多户民宿，大大提升了村庄对传统文化保护的意识。

最后，李主任给我们介绍了九渡河镇的文化品牌：五色文化，五彩九渡。五色文化包括红色文化（即以庙上村的怀柔第一个党支部纪念馆为代表的爱国主义教育基地）、绿色文化（绿水青山就是金山银山，"两山"理论中的山文化）、青色文化（长城文化，长城的青砖是文化颜色的代表，镇域范围内有12.6千米的长城）、银色文化（是指怀九河水文化，作为供怀柔水库的主要水源，九渡河镇属于三级保护区，一渡河是二级保护区，北宅是一级保护区）、金色文化（板栗文化，怀柔的板栗是品牌，板栗花是黄色的）。九渡河的五色文化已经注册了文化品牌。未来，一方面抓景区带动，另一方面抓特色乡村文化的内涵挖掘和打造，让五彩九渡走向更加辉煌的明天。

22 浮光掠影游乡村

袅袅炊烟在浅山：京郊村落记忆 ｜怀柔卷

怀柔区现有284个行政村、35个社区，其中约2/3的村庄、社区坐落在浅山区。从村落的形制布局来看，怀柔区长城沿线和靠近昌平区明十三陵地区的各村，从明代开始，一方面因守护长城关塞和"军屯制"的实行，形成以集体移民建立屯田为基本格局的村落；另一方面因有守皇陵和生产祭典用品的需求，汇聚和吸引了大量的人口驻留，加之独特的山水风光，吸引朝廷官员及文人墨客频繁来往，促使这一地区村落集中、人口稠密，生产、文化比较发达，房屋成片，布局紧凑，街道整齐，半数以上的民宅类似北京城的四合院和三合院，像第一大村渤海所和黄花城均有与城门相连的整齐街道。而怀沙河—怀九河沿线，因水患时常发生，村落稀疏、人口较少，屋舍散布在村庄地势较高的区域，村内道路作为屋舍与外来联系的通道，形成不规则、不连贯的弯曲状，多有断头路。这些因自然地理条件和历史原因形成的村落特点，在当下的乡村聚落中多有体现。因精力所限，不能将怀柔浅山区的乡村一一探访，只能选取几个有一定特色的村庄做简要描写，与前文的村庄一起，共同勾画出怀柔浅山区的美丽乡村新面貌。

撞道口村

位于怀柔西部，全村110户，305口人。该村坐落在怀九河畔，背靠明代古长城。距黄花城水长城景区仅有2千米。这里环境优美，山清水秀。长城著名关口镇虏关就位于该村北500米处。门洞长6.6米，高5米，宽3米。

撞道口村庄入口

关口南北两侧分别安装石匾额。南面刻"撞道口",北面刻"镇虏关"。别小看这南北的不同,据说这是对长城"关"与"口"的区别新解读的印证。[1] "关"和"口"不是关门的规模差别,而是与关门的方位有关。位于外侧的城门称为"关",由北面进城之城门称为"入关";位于内侧的城门称为"口",由南面出城之城门称为"出口"。

位于黄花城撞道口村北的镇虏关,距县城36千米,关门始建于明永乐二年(1404年),明万历五年(1577年)进行了整修,至今关口砖砌券拱门仍基本保存完好。南侧门额上有"撞道口"3个大字及"钦差守备黄花镇

---

[1] 参见王宝骏:《怀柔文史钩沉》,北京:方志出版社,2002年。

地方都指挥体统行事指挥佥事刘勋""万历五年季春吉日鼎建",北侧有"镇虏关"及"万历五年季春吉日鼎建"等字。关门南侧撞道口村口有一株古松横向伸出,通往关门的山间小路由松门下穿过,出了撞道口关,可通往鹏子峪堡。

撞道口石碑

"镇虏关"名字的由来还有一段历史故事。现在此关口仍是北通古城堡鹞子峪，南到撞道口城堡的通行门户。靠村北有两棵奇特的古松，被当地人称为龙凤松。树龄在300年以上。两松树主干高约3米。树冠顶部平舒，枝杈横向伸展，一株如凤展翅，一株似龙腾跃。凤松位于龙松上方。通往关口的古栈道从两树间通过。状若门庭，景观奇特。撞道口村充分利用长城古关口、龙凤松及悠久的历史文化和优美的自然环境，大力发展文化民俗产业。目前，该村已有40户村民发展民俗旅游，其中区级民俗挂牌户19户，民俗旅游业已成为该村发展经济、富裕农民、促进农民增收的一项主导产业。走在撞道口村，公路护坡上雕刻的水车、长城组画时时表达着此村与长城的关系，还有"长城脚下遇花园"的发呆、洗肺、逛花园的宣传语，都是那么让人心动。

长城的护坡墙

袅袅炊烟在浅山：京郊村落记忆 ｜怀柔卷

水车

"长城脚下遇花园"

凯甲庄村

桥梓镇凯甲庄村坐落于燕山脚下怀沙河洪积的小平原上，南面是黄土坎，东面是骆驼山丘，北面接壤口头村，西面是低矮小山丘陵。凯甲庄村位于桥梓镇正北方向7.5千米处，距怀柔城区5.8千米。凯甲庄村村域面积1.6平方千米，耕地近781亩。现有住户340户，人口648人，均为汉族，姓氏以刘姓为主。凯甲庄村地处浅山区，属丘陵地势，山场面积广阔，林果业有一定发展，主要种植品种有苹果、梨、栗子、桃、杏等，为观光采摘提供了便利条件。该村属于北京市二级水源保护区，工业发展受到严格限制。近年来，该村依靠自身资源优势以发展种养殖产业为主、旅游产业为辅，带动全村经济发展。

凯甲庄村有300多年的历史。相传迁来时，第一家主人名叫刘金凤，原籍是山西省洪洞县大槐树底下人士。因当时在清康熙年间皇帝要迁民京北，给凯家看坟、开荒种地，刘金凤带着全家住下后，几年后此地逐渐发展成村落，便想取个村庄名，看到村东面有个山名叫骆驼山，便以此山名为依据，起名为"骆驼山庄"。为扬名，在村东通往怀柔县城的路上请人修了个小庙，门框上挂有"骆驼山庄"字样的横匾，全村60岁左右的人都曾看到过，具体什么年代修的却没人知道（1972年修台关路拆除）。另有一说，清康熙时礼部尚书凯音布墓在此地，乾隆年间山东人刘余风来该地为其守坟，渐成聚落，名凯家坟，后讹化为凯甲坟，1979年更名凯甲庄。

凯甲庄村西山丘低矮，有两小山湾，4条羊肠小路弯弯曲曲由山丘后绕两山湾分别顺下，南北两湾各葬皇亲高官之墓。凯音布墓为凯音布同其妻吴苏氏合葬墓，现存清康熙四十年（1701年）凯音布及其妻吴苏氏诰封碑及雍正二年（1724年）谕祭碑各1块。据碑文记载，凯音布"性行纯良，才能称职，历阶宗伯，素若勤劳"。历任阿达哈哈番、监察御史、光禄寺正卿、汉军副都统、满洲副都统、礼部右侍郎、议政大臣、顾政大臣、户部尚书兼佐领钦加一级。其妻吴苏氏，封为一品夫人。喀尔吉善墓，原墓有牌坊和刻碑。喀尔吉善，字澹园，属正黄旗，姓伊尔根觉罗氏。降袭拜他喇布勒哈番，历工部郎中，雍正八年（1730年）擢兵部额外郎，雍正十三年（1735年）以验马不实夺官。乾隆元年（1736年）起废籍，命管圆明园八旗兵丁，后授山西巡抚，迁闽浙总督，加太子太保。乾隆二十二年（1757年）病卒，赐祭葬，谥庄恪。现墓及牌坊均已无，尚有刻碑1块。碑为高3.7米、宽1.1米、厚0.35米的汉白玉石，神龟底座已破坏。正面祭文为

凯甲庄村

正楷，背面有满、汉两种文字，汉文为正楷书。碑四周雕刻双龙戏珠，顶部有4条龙盘顶，龙头顺两侧而下视，气势磅礴。中心凹处有满、汉各两个篆刻字，谕祭。正楷书刻："维乾隆二十三年岁戊寅二月丁巳朔越初九日乙丑。"

北宅村与朱能大将军

在怀柔北宅村有一个非常引人注目的雕塑立在公路边，那就是朱能大将军像。2011年1月19日，桥梓镇北宅村举办了朱能大将军雕塑揭牌典礼。

朱能大将军是明朝武将平阴王朱亮之子，逝世后葬于此地。在此又先后埋葬了12位将军，甚至后人誉称此地为"小十三陵"。朱能大将军雕塑增加了北宅村的文化艺术底蕴，增进了文化旅游发展。

朱能，字士弘，南直怀远（今安徽怀远）人，明朝初期名将。

朱能早年便在燕王朱棣麾下效力，曾随朱棣北征，收降北元太尉乃儿不花。他于洪武二十七年（1394年）承袭父职，担任燕山中护卫副千户。明建文元年（1399年），朱棣发动"靖难之役"。朱能与张玉诛杀北平布政使张昺、都指挥使谢贵，夺取北平九门，被授为指挥同知。随后，他又夺取蓟州，杀死都指挥马宣，攻破遵化、雄县，生擒杨松、潘忠。真定之战时，朱能随朱棣击败南军主帅耿炳文，并率30敢死士追击至滹沱河。耿炳文整兵再战，朱能跃马大呼，直冲南军，俘获3000余众，因功升任都指挥佥事。后来，朱能又随军援救永平，击退江阴侯吴高，袭取大宁，并在

朱能大将军

会州立军时掌管左军，随即在郑村坝之战中击败曹国公李景隆。建文二年（1400年），朱能随军攻破广昌、蔚州、大同，并在白沟河之战中担任燕军前锋，击败南军平安部，而后随攻济南。他驻军铧山，率奇兵从后方袭破南军。是年十二月，朱棣在东昌之战中被历城侯盛庸围困。燕军大败，张玉战死。朱能冲入重围，与周长等人殊死搏斗，最终保护朱棣突围而出。建文四年（1402年）六月，朱棣率军渡过长江，由金川门攻入南京，不久即皇帝位，并于九月大封功臣。朱能被授为奉天靖难推诚宣力武臣、特进荣禄大夫、右柱国、左军都督府左都督，封成国公，获赐铁券，食禄二千二百石。他位列功臣第二，仅次于淇国公丘福。明永乐二年（1404年），朱能又兼任太子太傅，并加岁禄一千石。永乐四年（1406年），明成祖任命朱能为征夷将军，让他率西平侯沐晟、新城侯张辅征讨安南，并亲自到龙江饯行。同年十月，朱能在行至龙州（在今广西）时病逝于军中，时年三十七，追封东平郡王，谥武烈，配享成祖庙庭。

东凤山村

　　东凤山村位于北京市怀柔区桥梓镇西北5千米处，虽然属于平原乡镇，实际是浅山区，全村现有农户133户，292口人，土地总面积2673亩，其中耕地695亩、园地730亩、林地448亩、山场面积800亩。

　　东凤山村的特产就是干鲜果品，因为村庄距离公路主干道较远，于是就在公路转接处建了一个大人的果篮雕塑，看着个大色鲜的果品，很是诱人。在路边遇到几位村里的大姐，她们推着小车，在路边摆摊宣传着村里的果品。据了解，村庄以鲍姓为主，以苹果、梨、核桃、黑枣为特色果品。

　　东凤山村的果品，起源自山场地边到处长满的野生酸枣树，村民利用这个自然条件，把酸枣树嫁接成大枣树，依托山清水秀的自然环境和山前暖区的气候条件及土壤性质，发展尜尜枣，建设了凤欢大枣采摘观光园和凤迎大枣采摘观光园，两园共占地1000多亩，园内配套设施齐全，是旅游、观光、休闲的好去处。其中，6个品种的大枣被评为奥运推荐果品，并荣获"中华名果"称号。全年创下销售、采摘180万元的喜人收入，同时解决了该村部分劳动力就业问题。大枣产业已成为该村的主导产业，为村民增收致富奠定了基础。

 袅袅炊烟在浅山：京郊村落记忆 | 怀柔卷

东凤山村入口

在抓好经济的同时，村里对村容村貌进行了整治，进行了绿化、美化，建篮球场地、健身器材场地。对自来水设施及管道进行改造，以果品带动村庄全面建设，富民的同时，提升村民的文化素质，增强村民的获得感和幸福感。

龙泉庄村

龙泉庄村坐落于北京市怀柔区渤海镇沙峪村北2.5千米处，四面环山，有936路公交车往返于怀柔城区与该村之间。全村156户，共318人。龙泉庄

原名擦石口，得名于明朝长城古关擦石口，又因位于沙峪村北，后改为沙峪北沟。1998年原沙峪、三渡河两乡合并时，因原三渡河乡已有一个北沟村，为了不重名，故改名龙泉庄。

龙泉庄村有丰富的旅游资源，村北2千米至5千米处有明代修长城的工匠们留下的摩崖石刻10余处；另外，村北有京北著名的奤拉边长城。战争年代，这里曾是革命老区。改革开放后，龙泉庄村率先实行了家庭联产承包责任制。这个村子历史悠久，它的人文历史可追溯到明朝万历年间，此地在明朝修建长城时，曾有守城营堡，筑有擦石口堡，故得名擦石口。因为修建长城，调集来的民工大多居住于此。村里人传说，这里当时住有好多民工，许多外来人就在此做起了小生意来养家过日子，后来适应了这里的环境，也就在这里安家了。最初在此安家的人里，有沈、孙、魏三大家

涵养林

族，后来，一部分魏家人搬到村外现在的沙峪村居住，沈、孙、魏三姓人家长期在此繁衍生活，直到今天。

至此，怀柔浅山的乡村故事暂时告一段落。在探访乡村的过程中，遇到了很多值得书写的人和事，也多次受到感染和启发。其实，浅山区作为平原和深山区的过渡地带，多样性是其最大的优势，既可以承接平原区的产业基地，也肩负着山区的生态涵养，浅山区人民对美好生活的追求，更需要党员干部和全社会的大力支持。

最后，用李白的《下终南山过斛斯山人宿置酒》作为全书的结语，愿我们的生活美好、恬静。

暮从碧山下，山月随人归。
却顾所来径，苍苍横翠微。
相携及田家，童稚开荆扉。
绿竹入幽径，青萝拂行衣。
欢言得所憩，美酒聊共挥。
长歌吟松风，曲尽河星稀。
我醉君复乐，陶然共忘机。